鎌倉近代建築の歴史散歩

吉田鋼市　KOICHI YOSHIDA

港の人

はじめに

この本は、鎌倉の近代建築を五〇件とりあげて、その歴史的位置づけと見どころを書いたものである。戦前までに建てられたものが大半であるが、戦後のものも半世紀を経たもの、つまり一九六〇年代半ばまでに建てられたものを中心に八件とりあげた。近代の鎌倉は、一面ですぐれた別荘地・住宅地として発展してきたから、とりあげたものはおのずと住宅が多くなりがちである。しかし、個人の住宅は最もプライヴァシーが優先されるものであるから、ここにとりあげたものは『鎌倉市景観重要建築物等指定調査報告書』（鎌倉市都市景観課、二〇一三年）に掲載されているものか、飲食店等に使用されて公開されているもののみである。

鎌倉市景観重要建築物には、これまで三三件が指定されているが、一件は後に失われて指定解除になっており（もう一件、二〇一七年六月に指定解除された後、姿を消したものがあることをごく最近知ったが、この文章はそれを知る前の状況を述べている）、指定物件は現在三二件。諸事情により掲載が見送られた三件を除き、景観法に基づく景観重要建造物に指定された一件を加えて、合計三〇件に関して解説を加えたものが、先にあげた『鎌倉市景観重要建築物等指定調査報告書』である。その三〇件のうち二件は土木構築物であるのでそれを省き、残り二八件に、指定はされていないが同等に重要と見られる一四件を加え、さらに上記の戦後の建物八件を加えて書き綴ったのが、本書ということになる。新たに加えた一四件にも住宅は含まれているが、それらは現在レストランや店舗などに使われて公開されているものであり、いまもなお純粋に住宅として使われているものは省いた。最近、国の登録文化財となった四件の住宅も住所は公表されておらず、探して見に行ったが、見ることができたのは一部の外観だけなので、これも含めていない。というわけで、本書は『鎌倉市景観重要建築物等指定調査報告書』を基本としたその拡大版ともいえる。内容的にも半ば以上はこの報告書に頼っているが、その調査の多くに筆者も関わっているから、必ずしも人の褌で相撲を取ろうとしているわけではない。

景観重要建造物は、二〇〇四年の景観法に基づいて設けられた比較的新しい制度であるが、鎌倉市景観重要建築物は一九九〇年の「鎌倉市洋風建築物の保存のための要綱」の設置に基づく。その指定第一号が、鎌倉文学館である。この要綱は、後に一九九六年に施行された「鎌倉市都市景観条例」に組み込まれ、洋風建築物が主たる対象であったものが、純粋な和風建築や塀や門、それに土木構築物をも含まれることになり、「鎌倉市景観重要建築物等」となったわけである。鎌倉のこの要綱と条例は、重要な景観形成物を保存活用していこうとする地方自治体の試みの比較的早い例といえるであろう。もちろん、それは鎌倉市の慧眼と尽力によるものではあるが、現実に景観としてすぐれた住宅等の建造物が鎌倉にたくさん残されていたことがこうした試みを促したといえる。

鎌倉には、ここにとりあげたもの以外にも、まだまだたくさんの歴史的な住宅建築が現存している。売却によって持ち主が変わっても、既存の建物を取り壊さず改修して使い続けるという例がしばしば見受けられる。新しい所有者も既存の建物がもつ歴史性や物語性と、周辺の環境が気にいって購入したという面もあるだろう。そうして良き景観と住環境が保持されていくわけであるが、鎌倉は、たとえば景観重要建造物や文化財に指定・登録されたよく知られた建物の近くや奥にひょっとすればもっとすごいものがあるかもしれないと思わせ、現にそうしたものがある奥行きと厚みを有している。それが、よく知られた目立つ建物が所々にあるだけの都市とは異なる鎌倉の魅力だともいえるであろう。実際、鎌倉の景観は奥深く、簡単には窺い知れない。とりわけ山近くの谷戸の景観はそうで、主屋そのものが外からはよく見えないことがある。かりに主屋が新しく建てられていたとしても門や塀や生垣が歴史を物語っていることもたくさんある。そうした付属物もまたよき景観をつくりだしており、よき散策路の構成物となっているのである。本書でとりあげたものは、そのよき景観構成物のほんの一部ということになるが、もちろん公表されている著名なものはすべてとりあげたつもりである。なお、公開されている建物や、常時は公開されていないが公共的な性格をもつ施設は詳細な住所を記しているが、個人住宅は『鎌倉市景観重要建築物等指定調査報告書』の例にならって町名までしか記していない。

この本を読んで、実際に鎌倉を散策してもらえると大変うれしいし、また同時に近代鎌倉の魅力を全体として形づくっているここにとりあげたもの以外の知られざる建造物の存在にも思いを馳せてほしいと願う次第である。

目次

洋風住宅・医院

和風住宅

解説　鎌倉近代の建築遺産

旧・華頂宮邸内部

古都の近代

中世の首都であった鎌倉は、近世以降も風光明媚な史跡都市としての地位を保ち続けてきた。徳川光圀が編纂した全八巻からなる地誌『新編鎌倉志』（一六八五年）の存在がそれを裏づけるし、十返舎一九が書いた『箱根山七温泉江之島鎌倉廻　金草鞋廿三編』（一八三三年）も鎌倉に直接関わる部分は少ないながらもその証左の一つになるだろう。近代には、この史跡・名勝としての鎌倉に、海水浴場と避暑避寒の別荘地としての鎌倉という特徴が加わった。それは、大橋良平『現在の鎌倉』（一九一二年（明治45））が「花の鎌倉水浴場の鎌倉別荘の鎌倉」と書いている通りである。ちなみに、「花」としては梅と桜と桃の名所があげられており、また皇族四件、華族六七件を含む五八四件の貴顕紳士の別荘のリストが同書に掲載されている。さらに同書は「外人が鎌倉を評して世界の公園だと称賛した」とも書き、外国人観光客・滞在客も少なくなかったであろう近代鎌倉の活気を伝えている。

もちろん、この近代の活況は古都の史跡があったからであろうし、「花の鎌倉」も名所旧跡の存在があったが故に維持されたものであろう。海水浴場として推奨されたことすら、近くに由緒ある古社寺がひかえていたことと無関係ではないであろう。当時の海水浴は医療行為であり、長期間にわたる施療が望まれていたから、よき散策地もときに必要とされたであろうからである。

その海水浴場や保養地としての鎌倉の登場の契機となったのは、鎌倉が保養地として最適だとするお雇い外国人ベルツによる推奨（一八八〇年〈明治13〉）と、長与専斎による海水浴場適地としての鎌倉の紹介（一八八四年〈明治17〉）だとされる。その長与専斎が、一八八七年（明治20）にサナトリウムとして開いたのが海浜院である。この海浜院は翌年には海浜院ホテルと名を改め一般のホテルとしても使われるようになり、一九一六年（大正5）には鎌倉海浜ホテルとなって名実ともにホテルとなり、一九四五年（昭和20）に焼失するまで、鎌倉の大規模洋風建築を代表するものであり続けた。

鎌倉の近代史上、海浜院の開院以上に重要なのは、一八八九年（明治22）の横須賀線の開通である。もっとも、これより二年前の一八八七年（明治20）に東海道線の横浜・国府津間が開通して、その途中の駅の藤沢から鎌倉へのアプローチが可能になっており、鎌倉へ行くことが比較的容易にはなっていた。海浜院の設置もその恩恵を受けたものかもしれない。しかし、やはり横須賀線の開通は決定的で、その鉄道線路が円覚寺の境内と鶴岡八幡宮の参道、段葛《だんかずら》を横切って破壊したものの、鎌倉の近代に大きな影響を及ぼした。初めは藤沢駅からの分岐が検討されたようだが、当初は信号所であった大船駅が横浜・国府津間開通の一年後に正式な駅になることによって大船駅からの分岐になったとされる。なお、北鎌倉駅は当初はなく、一九二七年（昭和2）に仮停車場として設けられ、駅となったのは一九三〇年（昭和5）のことである。

横須賀線の開通とともに鎌倉の近代化に大きく貢献したのが、江ノ電（当初は江之島電気鉄道）の開通である。藤沢・江の島間の江ノ電の開通は一九〇二年（明治35）であるが、鎌倉まで通じたのが一九一〇年（明治43）。つまり、上述の『現在の鎌倉』は江ノ電開通直後の状況を記したものということになる。ちなみに、鎌倉（当時は小町）・長谷間の運賃は四銭で通行税一銭を加えて合計五銭、鎌倉駅から長谷までの人力車は一五銭だったという。

もう一つ、鎌倉の近代に大きな影響を与えた出来事としては、一八九九年（明治32）の鎌倉御用邸の造営があげられるであろう。これは、明治天皇の皇女たちのための避寒滞在地として設けられたが、彼女たちの滞在は少なかったようである。そして、関東大震災ですべて倒壊し、それ以降は再建されないまま一九三一年（昭和6）に廃止されており、存続期間は長くはなかった。しかし、その存在が町民に及ぼした精神的・文化的影響は大きかったであろうし、御用邸が存在する故に別荘を設けた人たちも多かったであろう。一九三三年（昭和8）創建の鎌倉市立御成《おなり》小学校は、御用邸跡地に設置されたためその名があり、戦後のことになるが、一九四七年（昭和22）の御成中学校の開校、一九六五（昭和40）年の御成町という町名の誕生も、その影響のはるかなこだまであろう。なお、御用邸廃止後も存続していた木造の冠木門《かぶきもん》は、一九四八年（昭和23）にトラックが衝突して大破しており、現在のものは一九五五年（昭和30）に鉄筋コンクリートで再建されたものであり、場所も当初の位置から少し動いている。

こうしたエポック・メーキングな出来事とともに鎌倉の近代は発展してきたわけである

が、その素地をなしているのがやはり古都鎌倉の史跡名勝であった。多くの史跡があったからこそ人々は鎌倉へ来ようとし、別荘を設けようとしたのである。そしてそうした人々のために新しい交通機関が設けられ、その手段を使ってまた多くの人々がやって来ることになる。『現在の鎌倉』は、一九一二年（明治45）時点で鎌倉の人口は一万一七五九人であるのに対して、夏三ヵ月間の避暑客数一万八四七八人と記している。その避暑客は、一部は自ら設けた別荘に、一部は貸家に、そして一部は貸間や旅館・ホテルに滞在した。そういった避暑客の滞在施設の多くは関東大震災で失われたが、震災を生き抜いたものもわずかにある。それらは、震災後の大正末期から昭和初期にかけて建てられた建物とともに、鎌倉の豊かな歴史的景観を形づくっているのである。

貴顕紳士の別荘地

『現在の鎌倉』が五八四件の別荘一覧を掲げていることを先に述べたが、そこには別荘地の住所、所有者の住所、身分職業、氏名が記されている。別荘地の住所は、長谷、材木座、由比ヶ浜、扇ガ谷《おうぎがやつ》、小町、大町、雪ノ下、海岸（もしくは海岸通）といった旧・鎌倉町を中心に腰越・津にまで及んでおり、藤沢の鵠沼と片瀬も含まれている。所有者の住所は、その六割強が東京で、ついで横浜と神奈川県が多いが、北海道四人から鹿児島一三人（どういうわけか東京・神奈川についで多い。島津家の忠重・忠済・珍彦の名も見られるから、その影響もあるかもしれない。もちろんこの三氏の住所は東京であり、この一三人には含まれない）に至るまで、すべての都道府県にわたっている。外国人も米・仏・独・蘭・瑞等一〇人（うち一人は日本に帰化）いる。所有者に名を連ねた人の中には、「長谷二一五」の前田利為《としなり》が見られ、これが後に建て替えられて今日の鎌倉文学館になったことがわかる。「長谷」の華頂宮が御用邸に続いて冒頭に掲げられているが、その施主は浄明寺の旧・華頂宮《かちょうのみや》邸の華頂博信侯爵とは別人。おそらく博信の父君、華頂宮博恭《ひろやす》の造営になるものであろう。実業家では、益田孝（長谷二一三）、浅野総一郎（佐介《（ママ）》ヶ谷）、平沼専蔵（長谷七）、今村繁三（片瀬二〇〇）といった著名人が見られ、横浜の安部幸平衛（腰越七五）やモリソン（材木座四八五）の名も見える。その他、後に荘《しょう》清次郎別邸（現・古我邸）を設計することになる桜井小太郎（小町三八六）、貴族院議員で男爵の九鬼隆一（由比ヶ浜一二〇九、九鬼周造の父親）、東京帝大工科大学長の渡辺渡（材木座九四九、建築家の渡辺仁の父親）、後に横浜市長となる平沼亮三（腰越津一五五）、横須賀をはじめ各地の水道施設の建設に関わった海軍土木技師の石黒弘毅（扇ガ谷一二三）、逗子開成や鎌倉女学校を創設した教育者の田辺新之助（小町一一七、田辺元の父）などの名が見られる。

　こうした別荘族を中心としたメンバーの親交の場として、一九〇八年（明治41）に鎌倉倶楽部が設けられるのであるが、その幹事長である海軍大将柴山矢八（大町妙本寺内）も、幹事である郷《ごう》誠之助（小町三六七）、長松篤棐《あつすけ》（「篤欒」と記されているが誤植、極楽寺二七二）、池田豊作（和田塚東）の名も同書には見られる。鎌倉倶楽部は単なる社交のクラブであったかもしれないが、おそらくこの場を土台として一九一五年（大正4）に、鎌倉の史跡名勝を保存しつつ町の健全かつ美しい発展を導こうとする団体、鎌倉同人会が設立される。その設立総会は鎌倉倶楽部で行われた。鎌倉同人会の設立発起人は陸奥広吉、勝見正成、大島久満次《くまじ》、池田豊作、和田利左衛門、中田時懋《ときもち》、黒田清輝、荒川巳次《みのじ》、相沢善三、福永吉之助の一〇人で、その発起趣意書を書いたのが、先述の田辺新之助である。発起人一〇人のうち、先述の池田豊作に加えて、荒川巳次（小町三五〇）も『現在の鎌倉』にその名が見え、画家黒田清輝、中田時懋、福永吉之助も別荘族であろうが、発起人の中心的なメンバーとされる陸奥広吉（外交官）や勝美正成（海浜院の医師を経て鎌倉で医院を開業）は鎌倉に常住していた。また和田利左衛門は鎌倉町の助役であり、相沢善三は鎌倉小学校の校長であった。神奈川県知事であった大島久満次も鎌倉に住んでいたかもしれない。つまり、鎌倉同人会のメンバーの半数は鎌倉に常住する鎌倉住民だったというわけで、おそらくこの頃から別荘地鎌倉から住宅地鎌倉へと次第に変わっていったものと思われる。鎌倉同人会は、若宮大路の松並木の保護や段葛の改修（これを担当したのが石黒弘毅だとされる）、鎌倉国宝館の建設、鎌倉駅の改修に大きな働きをしたとされ、その活動は現在も続いている。なお、古寺社・史跡を保存しようとする活動は、遠く一八八五年（明治18）の鎌倉保勝会の設立にまで遡るが、これは横浜の財界人が中心になってつくられたとされており、やはり別荘族の役割が大きい。

　鎌倉近代の建物と景観は、当初は別荘に依存するところが大きかったが、次第に常住の住まいの占める割合が高くなり、鎌倉町民（市民）の住宅もだんだん立派なものになっていく。とりわけ関東大震災以後の昭和初期の住宅は、たいてい常住の住まいである。今日の歴史的な町並みを構成しているのは、おおむねその昭和初期の建物であるが、そこには寸松堂など鎌倉ならではの独特の外観をもつ和風の商店建築や、ファサードのみを洋風にしたいわゆる看板建築も含まれている。そうした伝統的な和風の建設を担ったのが地元の大工・工務店であり、彼らの働きは非常に大きい。

鎌倉大工の伝統の継承

一九九五年（平成7）に鎌倉の何人かの工務店の方から聞き取ったことによると、昭和戦前期の鎌倉には、「五人組」と呼ばれた大工たちが活躍していたという。すなわち、大工の万吉を略して「ダイマン」と呼ばれた石渡万吉、「ダイイク」こと三橋幾蔵、「モトキチ」こと三橋元吉、「ナオキチ」こと三橋直吉、「セキ」こと関藤助である。三橋幾蔵（一八七四―一九五二）は長谷の大工で、その事業は孫の幾太郎氏の代まで三橋工務店として健在であった。三橋元吉（?―一九二七）と三橋直吉（一八七六―一九四〇）は兄弟であり、やはり代々の長谷の宮大工の出身で「ダイサン」と呼ばれた三橋三五郎のそれぞれ長男と三男。ただし、三橋幾蔵と元吉・直吉兄弟は縁戚関係にはない。直吉は鎌倉町会議員も務めており、その後継者、三橋武雄（一八九八―一九六九）は旧姓後藤、早稲田工手学校を卒業後、渡辺仁建築工務所に勤めた後、直吉の長女フミの入婿となって、一九二八（昭和3）年に早稲田大学建築科を卒業し、三橋工作所を設けて設計活動を行い、いまは失われたがランドマーク的な存在であった大庭医院などを設計・施工している。なお、石渡万吉、三橋幾蔵、三橋直吉、三橋三五郎は、先述の『現在の鎌倉』の「土木請負業」のリストにその名が見られる。関藤助はそのリストにはないが、関文吉というのがあるから藤助は文吉の後継者であるかもしれない。

一方、建て替えはされたがその外観が復元されている鎌倉市立御成小学校のもとの第一号校舎の棟札には、請負人として鈴木富蔵、蔵並長勝、三橋幾蔵の名が記されている。御成小講堂の棟札にも書かれた順番は違うが同名の三人の名が記されている。三橋幾蔵については すでに書いたが、鈴木富蔵（?—一九三四）も長谷の大工で、養子常吉が後を継いだが、大工は常吉の代で終わったとされる。蔵並長勝（?—一九六三）も「マスヤ」という古くからの宮大工の家系に生まれ、一九二四（大正13）年に蔵前工業専修学校高等工業部建築科を卒業、後に長きにわたって鎌倉市の市会議員も務めている。第一号校舎の棟札には、建築委員として当時町会議員であった三橋直吉の名が記されており、また監督として蒲野七五郎の名が記されている。蒲野もまた小町の大工で、『現在の鎌倉』の「土木請負業」のリストにその名が見られる。

ところで、鎌倉の寺社の造営を担った棟梁たちであるが、中世の史料は少ないらしいが、近世以降はいくつかの鎌倉の大工に関わる史料が知られている。それらには、建長寺大工の河内家、円覚寺大工の高階家、鶴岡八幡宮大工の岡崎家、覚園寺大工の渋谷家と大村家、東慶寺大工の金子家、そして特定の寺社には属さないが寺社の造営にも関わり地名の乱橋《みだればし》を伴って呼ばれる乱橋大工蔵並家といった鎌倉大工の名があげられている。とりわけ、河内家には『鎌倉造営名目』をはじめ多くの文書が残されていて、河内家の近代以降の活動もわかるらしい。それによると、建長寺をはじめ寺院の仕事が多いが、学校などの公共建築や別荘の施工も請け負っている。河内家は自前の大工を抱えつつ、大規模な仕事を請け負った際には他の大工も雇った。当然、そこでは技術の交流があったであろう。先に述べた昭和初期の大工の「代々の宮大工の出身」という話は、まるごと受け入れることはできないかもしれないが、鎌倉の大工たちが寺社の施工に携わる機会が多かったことは間違いないであろう。そうした中世以来の鎌倉大工の技術が、どのように近代の大工に伝えられているかは非常に興味深いテーマであるが、残念ながらいまのところ不詳。乱橋大工蔵並家（名は蔵並太郎左衛門とされる）と蔵並長勝との関係も不明。右にあげた大工たちもみな残念ながら大工の仕事をやめているようである。

鎌倉洋館「ビッグスリー」

鎌倉文学館

01

鎌倉文学館

旧・前田家別邸

〈鎌倉市景観重要建築物・国登録有形文化財〉

緑に包まれた坂道の奥にたたずむ
近代鎌倉を体現する洋館

所在地：長谷一―五―三
アクセス：江ノ電「由比ケ浜」徒歩七分
「鎌倉文学館」の詳細はＨＰなどを参照

鎌倉には、「ビッグスリー」と呼びならわされてきた規模としても意匠としても群を抜いてすぐれた三つの旧・別荘建築がある。この章では、その「ビッグスリー」をとりあげるが、まず、旧・前田家別邸であった鎌倉文学館。

この建物は、一九三六年（昭和11）に侯爵前田利為《としなり》（一八八五―一九四二）の別荘として建てられた。利為は加賀藩主前田家の一六代に当たり、陸軍士官学校・陸軍大学を出た軍人で前の大戦中、ボルネオ沖で戦死している。この地に前田家の別荘が営まれたのは、前章でも述べたように、先代の一五代当主利嗣が一八九〇年（明治23）に当地を買い、和風の建物を建てて「聴濤山荘《ちょうとう》」と名づけた頃にまで遡る。「聴濤」とは波の音を聞くということだが、実際、ここからはほど近い海が見え、静穏であれば波音が聞こえるかもしれない。利嗣は一九〇〇年（明治33）に亡くなっているから、これ以降は利為による造営ということになる。当初の和風山荘は一九一〇年（明治43）に類焼によって焼失。その後再建された建物も、関東大震災で倒壊。震災後、煉瓦造二階建ての洋風建物が建てられ、「長楽山荘」と名づけられる。その名は、当地にかつて長楽寺という寺があり、この谷戸が「長楽寺谷」と呼ばれていたことに因む。そして、老朽化が進んだらしい煉瓦造を一気に近代的なものに建て直したのが、いまの建物ということになる。

その広大な敷地は一つの谷戸全体を占めており、鎌倉全体の縮図といわれるのもむべなるかなと思わせる。またその奥深さは、源頼朝が鶴を放ったという故事に因んで名づけられたという「招鶴洞《しょうかくどう》」という石張りのトンネルを抜けてアプローチすることでしかと体感できる。つまり、敷地内に入っても主屋はなかなか見えない。設計は渡辺栄治で、施工は竹中工務店。渡辺は一九三四年（昭和9）の日本建築学会会員名簿に「米沢　侯爵前田家嘱託」とあるから、米沢工業学校を卒業して前田家の専属建築家的な立場にいた人であろう。三階建てであり、一階は鉄筋コンクリート造で、二、三階は木造。一階は半地下階的な扱いで、二階が主要階。したがって、外観は大規模な木造二階建てのようにも見える。屋根は青い色のS字型洋瓦で葺かれており、それだけでもユニークであるが、南側の主要ファサードが左右非対称で、絶妙というべきか奇妙というべきか、不思議なバランスをつくりだしていて容易にわかったという感じを抱かせない。山荘の故か、柱や梁はつり仕上げであり、総じてやわで繊細な感じではなく、ごつく毛深い感じ。内部には和室もあり、東洋的なデザインもあり、アール・デコもあって飽きさせない。

この鎌倉の大規模かつ上等な住宅は、戦後は米軍の接収を受け、ついでデンマーク公使や佐藤栄作元首相が借りて別荘とし、そして一九八三年（昭和58）に前田家第一七代当主前田利建から鎌倉市に寄贈され、修復改修されて一九八五年（昭和60）に鎌倉文学館となっている。三島由紀夫の『春の雪』がこの建物をモデルにしているということでも名高い。この建物は鎌倉文学館となることによって、鎌倉近代史を物語る史跡そのものとなった。鎌倉近代の存在感は、一面で鎌倉在住の作家・文学者、すなわち鎌倉文士の活躍によるところが大きいからである。まさに所を得たといってよいであろう。もっとも、鎌倉文士は鎌倉に別荘を設けたのではなく、鎌倉に住んだ。彼ら自身の住まいもとりわけ豪華でも立派なわけでもないがいくつか残されており、本書でもいくつかとりあげることになる。

02

旧・華頂宮邸

〈鎌倉市景観重要建築物・国登録有形文化財〉

端正な表情をもつ格調高い
華族のための邸宅建築

所在地：浄明寺二丁目
アクセス：京浜急行バス「浄明寺」徒歩五分
春と秋に内部一般公開日あり。詳細は鎌倉市ＨＰなどを参照

一般に、邸宅の規模は門から主屋までの距離で測られる面があるが、この旧・華頂宮邸《かちょうのみやてい》は門と主屋がそれほど離れていない。しかし、主屋の背後に整然としたフランス式庭園が広がっており、庭園側からの外観はまた格別。その外観だが、木造三階建てのこの建物は、鎌倉文学館がややごつい感じなのに対し、より繊細で端正。そのスタイルは、ゴシック・リヴァイヴァル*にヴァナキュラー（その地方固有のもので土着的）な住宅建築のスタイルを混ぜ合わせたものであるテューダー・リヴァイヴァル**といってよいであろうが、装飾的なハーフティンバー***、交差する破風《はふ》や屋根窓をつけた急勾配の屋根、華やかな破風飾りなどを特徴とする通常のテューダー・リヴァイヴァルのものよりももっと整然としている。それは背後の整然としたフランス式庭園とも相通じるところがある。内部もまた整然としており、むしろクラシックな感じすらする。庭園とともに非常に格調高い邸宅建築である。

一九二九年（昭和4）に華頂博信侯爵（一九〇五―一九七〇）の邸宅として建てられた。華頂博信は海軍兵学校、海軍大学校を出た海軍の軍人。この建物の名称は鎌倉市景観重要建築物としても旧・華頂宮邸であるが、正確にいうと、華頂宮家は第四代博忠の一九二四年（大正13）の逝去とともに廃絶されている。華頂宮家の初代の博経も伏見宮家の出身であったが、博忠の弟である博信も伏見宮家出身で、臣籍降下して華頂家を賜り皇族ではなく華族となった。したがって、これは当初から華頂侯爵邸なのだが、その端正さが華頂宮邸と呼ばせるのかもしれず、また前章（16ページ）で述べた明治期の長谷の華頂宮邸（施主は博忠か）の存在もあってそう呼ばれ続けているのかもしれない。

当初は常住の住まいであったようだが、一九三四年(昭和9)に東京・三田に本邸が建てられてからは、鎌倉別邸となり、一九四〇年(昭和15)には所有者が代わって永田邸となる。つまり、この建物が華頂侯爵邸であった期間はわずかに一一年。戦後は一時期米軍に接収され(鎌倉文学館も接収されたことをすでに述べたが、横浜や鎌倉の大規模な住宅はあっというまに接収されている。おそるべき米軍の情報力)、一九七〇年(昭和45)からは松崎邸、さらに一九八七年(昭和62)からは村田邸となり、そして一九九六年(平成8)に鎌倉市の所有するところとなって随時公開されている。

さて、この建物の設計・施工に関わった人たちであるが、残念ながら不詳。一九三四年(昭和9)の東京本邸の設計は曾禰中條建築事務所であることがわかっており、「華頂侯爵鎌倉別邸倉庫」(昭和8年4月)も同事務所の設計なのだが、肝心の主屋の方がわからない。かつての皇族の住まいということで宮内省内匠寮の職員が余業でやった可能性はある。この「華頂侯爵鎌倉別邸倉庫」というのは、「石造陸屋根二階建、一、二階とも一八・八五坪」と登記簿に記されている物件と同一のものと考えられるが、それは一九九一年(平成3)に解体されている。庭園は大正・昭和期の代表的な造園家・造園学者である上原敬二(一八八九―一九八一)の仕事で、建物の設計・施工にも上原がなんらかの関与をしている可能性がある。

なお、庭園の奥にある茶室を含む和風建物は、一九七一年(昭和46)に東京・上大崎の松崎邸の建物を移築したものを基本とし、さらに一九七七年(昭和52)に倍以上に増築されたものである。移築前の茶室つきの建物の創建年は、はっきりしないが一九三六年（昭和11）頃ではないかと思われる。ただし、門はもう少し創建年が遡るかもしれない。また、上大崎の松崎邸があった土地は一九七一年（昭和46）まで、ずっと福井藩主の家系である侯爵松平康昌家の所有であり、この和風建物や門に松平家とのなんらかの関わりがあり得ないわけではない。

＊　ルネサンス以降、野蛮なものとしておとしめられていたゴシック様式を復活させようとする西洋における一八世紀後半から一九世紀にかけての運動。これが北方ヨーロッパ固有の文化の見直しとなり、さらには近代運動へとつながることになる。

＊＊　イギリスの一五世紀末から一六世紀にかけてのテューダー朝に見られるテューダー様式を復興させようとする一九世紀後半の運動。ゴシック末期の様式と地方固有の住宅建築の様式を混合させたスタイルを特徴とする。

＊＊＊　本来は「半木造」の意味で、下の方の階を石造もしくは煉瓦造、上の方の階を木造とし、木造部分の真壁の柱・梁をときに装飾的に扱うことを特徴とする。

03 古我邸

震災をくぐり抜け財界人たちに愛された築一〇〇年の別荘邸宅

所在地：扇ガ谷一―七―二三
アクセス：JR・江ノ電「鎌倉」徒歩四分
「古我邸」営業の詳細はHPなどを参照

一九一六年（大正5）に荘《しょう》清次郎（一八六二―一九二六）の別邸として建てられた数少ない震災前の貴重な建物である。石橋湛山《たんざん》の『湛山回想』に、震災後、鎌倉ではまっとうに使える建物がなく、鎌倉町の復興委員会の会合がしばしばこの建物で開かれたという記述がある。荘は肥前大村藩の出身で、東京大学予備門およびエール大学を卒業して三菱に入り、三菱系の会社の要職を歴任した実業家である。これを建てた時は、三菱合資会社の専務理事だった。清次郎の死後これを相続した荘清彦（一八九四―一九六七）も後に三菱商事の社長・会長を務めている。一九三九年（昭和14）からは、日本土地建物や中央通産を経営していた実業家、古我貞周（一八八〇?―一九五一）の所有に帰すこととなり、以後古我邸として今日に至り、現在はレストラン「古我邸」として用いられている。なお、またしてもというべきか、戦後数年間は米軍に接収されている。

この建物が建つ敷地は、扇ガ谷の一つの谷戸全体を占めていて、いくつかのやぐらも見られる。この地はかつて興禅寺という寺があったところで、一八九五年（明治28）に後の神奈川県知事・貴族院議員、沖守固《もりかた》が購入、一九一五年（大正4）に三菱財閥の総帥岩崎小弥太がこれを取得し、翌年に荘清次郎の手に渡るという経緯を経る。一九二九年（昭和4）から一九三一年（昭和6）まで、時の首相浜口雄幸がこれを借りて用いており、この建物をめぐる話には、著名人がたくさん出てくる。もちろん、鎌倉駅から近いという地の利もあったであろうが、この建物のもつ魅力もまた与っているに違いない。

さてその建物のスタイルであるが、一九世紀末のアメリカで盛んに使われたシングル・

スタイル。シングルというのは柿板《こけら》のことで、外壁全体に柿板が張ってあるのでこの名がつけられている。このスタイルは、時に隅に八角形の張り出しを設けるなどするが、基本的には装飾性を排し、左右非対称で自在に連続するようなプランをもつことを特徴とする。古我邸も規模は大きいがシンプルで簡素。屋根は天然スレート葺きであり、いわば全体が乾いたうろこで覆われていることになり、日本では珍しいシングル・スタイルの住宅の例ということになる。

その設計・施工者であるが、古我邸の小屋組には棟札があり、そこに「設計主任　櫻井工學博士　現場主任　南邦政　請負人　植村喜三郎　棟梁　加藤源治　副　杉崎榮太郎」と書かれている。「櫻井工學博士」とあるのは、桜井小太郎（一八七〇―一九五三）で、帝国大学工科大学選科生を経てロンドン大学で建築を学び、日本人として初めて英国王立建築家協会の準会員となった建築家。帰国後海軍勤務を経て一九一二年（大正2）から一九二三年（大正12）まで三菱合資会社に勤め、その後桜井小太郎建築事務所を設けている。古我邸は三菱時代の仕事ということになる。彼が小町に別荘を持っていたことはすでに述べた。彼の作品としては三菱銀行本店が代表作であろうが、これは建て替えられた。現存するものとしては静嘉堂文庫、神戸市立博物館（旧・横浜正金銀行神戸支店）があげられるであろう。棟札に記された他の人々については不詳。植村喜三郎も加藤源治も『現在の鎌倉』の土木請負業欄に登場しないから、鎌倉の施工業者ではないかもしれない。

公共建築

御成小学校講堂

04

御成小学校講堂

〈国登録有形文化財〉

地域住民たちがつくりあげた風格ある大空間

所在地：御成町一九―一
アクセス：ＪＲ・江ノ電「鎌倉」徒歩二分
非公開

現在の御成《おなり》小学校の校舎は、一九九八年（平成10）に元の校舎を復元する形で新築されたものであるが、講堂はいくどか修理はされているものの、一九三三年（昭和8）の創建時のまま。校舎の外観はまったくの洋風で和風の意匠はなかったが、この講堂は二つの宝形屋根（正四角錐形の屋根）の塔屋をもつ入母屋屋根、懸魚《げぎょ》（破風の棟木の先端を隠す装飾）を備えた妻飾り、外壁小壁の舟肘木《ふなひじき》（柱と桁の間にある舟形の肘木）など、伝統的な和風の意匠を備えており、御用邸跡に建つ格別の小学校の講堂であることをよく示している。かつて三棟の校舎が川の字型に並んでいて、それらを塞ぐ形で今小路通りに沿って立ち、冠木門《かぶきもん》の校門とともに、鎌倉ならではの独特の景観を形づくっている。

御成小学校は鎌倉小学校、鎌倉第二小学校に続く三番目の町立小学校で、本来は第三小学校となるべきところを敷地の由緒を伝えるためにこの名となった。木造の平屋で、トラス小屋組の構造、下見板張りの外壁の構法ともに洋風。ただし、天井は格天井で和風。外観に呼応している。現在はあまり使われていないようで取り壊しも検討されたようだが、この建物に対する市民の関心も高く、危機を乗り越えていまは国の有形文化財となっている。

講堂には棟札があって、そこには「建築委員黒川久蔵　同山田利八　同三橋直吉　同小長井千代蔵　建築委員大木常吉　同紵井金之助　同七島近蔵　同山ノ上園吉　同安斎銀蔵　同磯部利右ェ門　工事監督白岩正雄　同蒲野七五郎　同齋藤慎　請負人蔵並長勝　同鈴木富蔵　同三橋幾蔵」と書かれている。これにより、施工は前章の解説で述べた地元の大工、蔵並長勝と鈴木富蔵と三橋幾蔵の三人によって行われたことがわかる。工事監督の白岩正雄はもと文部省営繕の技師だった人。一八六五年（慶応4）生まれで、一八八九年（明治22）の工手学校造家学科の第一期の卒業生である。蒲野七五郎はすでに述べたが小町の大工。齊藤慎は、もと横浜市の建築系技術職員で「小学校建築事務担任」だった人ではないかと思われる。そして建築委員として記された人たちはすべて鎌倉町会議員。それぞれ、黒川は材木商、山田は呉服商、三橋は建築請負業、小長井は農業、大木は土木請負業、綛《かせ》井《い》は左官業、七島は製綿業、山ノ上は農業、安斎は会社員、磯部は地主であった。

ところで、設計したのは誰かという問題だが、「昭和七年　町会会議録及議決書綴」には「設計・監督費二七〇〇円」が計上されており、設計を外注した可能性が高い。そこで考えられるのは工事監督に名を連ねた三名であるが、彼らもまたかなりの高齢であり、実際は彼らの助言のもとに鎌倉町の営繕組織の職員が行ったのかもしれない。そして建築委員に記された町会議員もいろいろ希望を出したに違いない。講堂の外観を和風にするというのも彼らの願いであったかもしれない。いずれにしても、この建物の建設には当時の鎌倉町民の願いと鎌倉の建設業者の主力が注ぎ込まれているといえるだろう。

05

鎌倉国宝館

〈本館は国登録有形文化財〉

鎌倉の歴史を現代へとつなぐ近代建築の重要作品

所在地：雪ノ下二－一－一
アクセス：JR・江ノ電「鎌倉」徒歩一二分、江ノ電バス「鎌倉八幡宮」・京浜急行バス「大学前」それぞれ徒歩三分
鶴岡八幡宮境内。詳細は鎌倉市HPなどを参照

鎌倉市立の鎌倉国宝館は鶴岡八幡宮の境内に木々に囲まれてひっそりと建っているが、鎌倉の近代史に大きく関わっており、公立博物館の最初期の例でもあり、また鉄筋コンクリート造による和風意匠の建築の早い時期の例として建築史上も重要な存在である。

竣工は一九二八年（昭和3）。関東大震災で多くの社寺が被災し、その所蔵文化財の滅失を憂えた先述の鎌倉同人会の提言によって鎌倉町が動き、実現した。総工費一二万円を含めて全部で一四万円のお金がかかったというが、その費用の捻出には苦労があったようだ（浪川幹夫「近代鎌倉の文化遺産保護と宝物館設立事情」國學院大學博物學学紀要　第四〇輯）。寄せられた寄付金六万三八〇〇円に加えられたのが、間島弟彦《おとひこ》（間島については次項、41ページ参照）の遺族からの五万円の寄付。この二つをあわせると費用の大半は賄えたことになり、町や県や国も一応お金を出したのではあろうが、鎌倉国宝館はおおむね一般の寄付金で建てられたとしてよいであろう。それは、鎌倉・室町時代の美術工芸品や古文書を収蔵・展示して鎌倉の歴史を近代につなぐ役割を担うものであり、また震災復興のシンボルともなった（鎌倉国宝館創立の由来は、受付窓口の左側の壁に掲げられた銅板プレートに記されている）。

歴史をつなぐという意味と、敷地が鶴岡八幡宮の境内ということもあってか、採用されたのは校倉造で正倉院と同じスタイルである。入り口の庇を支えるのは海老虹梁《えびこうりょう》で、内部にも大虹梁に大瓶束《たいへいづか》という中世の禅宗様の意匠が使われており、まさに歴史をつなぐ雰囲気が醸し出されている。しかし、構造は鉄筋コンクリート造。鉄筋コンクリート造による校倉という形式には、一九二一年（大正10）の明治神宮宝物殿の先例があるが、ともに、戦後の熱田神宮宝物館や国立劇場の先駆けとなり、伝統的な意匠の博物館としては興福寺国宝館や東寺宝物館の先駆けとなった。

設計したのは岡田信一郎（一八八三―一九三二）。東大を恩賜の銀時計をもらって卒業したという秀才である。いずれも国の重要文化財に指定されている大阪市中央公会堂（一九一七年）や明治生命館（一九三四年、信一郎没後の竣工であるが、弟の岡田捷五郎が引き継いだ）という洋風の大作で知られるが、和風の意匠にも巧みで二〇一〇年（平成22）に取り壊された歌舞伎座（一九二四年）の設計を、この鎌倉国宝館の前に手がけている。施工は松井組（現・松井建設）。越中での創業は一六世紀に遡るという伝統ある施工会社で、関東大震災後に富山から東京に進出した。「社寺の松井」としても知られており、築地本願寺など多くの寺社の施工を行っている。なお、事務所棟（収蔵庫）は一九八三年（昭和58）の新築になるものである。

06

旧・鎌倉図書館

構造も意匠もすぐれた
貴重な図書館建築

所在地：御成町
アクセス：ＪＲ・江ノ電「鎌倉」徒歩二分
非公開

御成《おなり》小学校講堂（34―36ページ）のそばに立つ旧・鎌倉図書館は、一九三六年（昭和11）の竣工になる建物で、一九五〇年（昭和25）に鎌倉市立図書館と名称が変更されるまでは、ずっと鎌倉図書館であった。その前身は、一九一一年（明治44）に建てられた鎌倉町立図書館にまで遡る。神奈川県内における最初期かつ、県内に現存する最古の図書館の遺構である。一九七四年（昭和49）に市立中央図書館が新築されてからは、鎌倉市役所の分庁舎の一つとして用いられてきていたが、いまは使われていないようである。

その建設には、鎌倉国宝館の項（38ページ）で触れた間島弟彦（一八七一―一九二八）の夫人、間島愛子の寄付が使われた。すなわち、間島の遺族は鎌倉国宝館に五万円を寄付するとともに、別に教育基金として二万円を鎌倉町に、さらに二万円を鎌倉同人会に寄付している。驚くべき博愛、メセナ精神である。この教育基金としての二万円がこの図書館の建設に使われた。必要だった費用は、新築費が一万二七〇一円、設備費が一七一一円、設計監督費が六六五円、雑費二七〇円で、合計一万五三四七円（『鎌倉図書館百年史』二〇一一年による）だった。間島は東洋英和学校（現・青山学院大学）と米国の大学で学んで、後に三井銀行の重役を務めた人で、『現在の鎌倉』の別荘一覧に「同上　府下、荏原、入新井　三井銀行員　間鳥《（ママ）》弟彦」（「同上」は前後の関係からして「海岸通り」）とあり、鎌倉との関わりは早くからあった。後には、小町に「白水荘」と名づけた別荘も設け、そこに英勝寺の山門を移築保存していたことでも知られる。この山門は二〇一一年に再度英勝寺に戻され、二〇一三年に国の重要文化財になっている。旧・鎌倉図書館の前庭には間島を顕彰する碑「間島君旌徳碑」が建てられ、鎌倉に「邸宅荘園を造営せる人少なからず而して巨萬の財を此處に提供し公共文化の施設に資せられたる間島弟彦の如きは希覯と為す」と刻まれている。この碑文を書き、字も書いたのは先述の田辺新之助、「間島君旌徳碑」の題をつけたのはこれまた先述の荒川巳次、そして上部に描かれた間島像を描いたのが黒田清輝の弟子白瀧幾之介ということで、この碑は鎌倉同人会になんらかの関わりにある人たちの制作による。

旧・鎌倉図書館は内外とも総じてシンプルで素朴な洋風の木造二階建ての建物であるが、両妻壁に懸魚のついた破風板が設けられており、この和風意匠は御成小学校の講堂に呼応させたものであろう。内部では、床を高くした畳敷きの二階の「婦人閲覧室」が特徴的であり、空間としても最も魅力的である。この建物の設計・施工に関わった人は残念ながらわからないが、少なくとも施工はおそらく鎌倉の大工によるものであろう。なお、書庫には創建当初の特注品である木製の書棚があるが、その製作を請負ったのは「関藤?」だと伝えられており、それは先述の関藤助だと思われる。

07

旧・鎌倉加圧ポンプ所

モダンな美しさをもつ水道施設

所在地：長谷四―六―一二
アクセス：江ノ電「長谷」徒歩一二分、江ノ電バス・京浜急行バス「大仏坂」徒歩一分
非公開

大仏トンネルのそばにある水道施設である。一九三六年（昭和11）に、神奈川県営湘南水道の「鎌倉加圧喞筒所」（ポンプをかつては喞筒と書いた）として建てられた。湘南水道は神奈川県営水道の最初の事業であり、相模川から取水した水を湘南の広域に水道として提供していた。これを推進するための神奈川県水道事務所が一九三三年（昭和8）に鎌倉に置かれたため、この事業の中心は鎌倉であった。加圧ポンプ所は、水源から送られてきた水を「更に加圧して、逗子・横須賀・浦賀方面に中継するもので、加圧ポンプ及び鎌倉配水池に揚水するための揚水ポンプを併置」（『神奈川県営水道六十年史』神奈川県企業庁、一九九四年）したものであり、「鎌倉配水池」というのは、ポンプ所の北西の背後の山にあり、いまも用いられている長谷配水池のことである。なお、この建物の入口の正面上部に「清泉霑萬戸　昭和十一年三月　伯爵金子堅太郎書」（最初の五文字は「清泉が万戸を潤す」という意味）と書かれた御影石製の扁額が掲げられているが、このプレートの書を書いたのは、当時、県営水道期成同盟会総裁を務めていた官僚・政治家金子堅太郎（一八五三―一九四二）であり、彼は「渓水」と号した能書家でもあった。

鎌倉加圧ポンプ所は、一九六一年（昭和36）に廃止された後も「神奈川県企業庁水道局旧長谷水道ポンプ場」と呼ばれ続けているが、一九六五年（昭和40）に鎌倉市に貸与され、翌年から市の大仏坂体育館として用いられていたが、二〇〇二年（平成14）からはそれも廃され、いまは何にも用いられていない。

この建物は鉄筋コンリート造平屋（一部二階建て）の建物で、プランは間口一〇メートル、奥行き二五メートルの単純な矩形。外壁が全面スクラッチタイル（表面に浅い平行の溝のあるタイル）張りであること、玄関周囲にアール・デコ的な装飾が見られることを除けば、きわめてシンプルでモダンである。内部も、間仕切りのないほぼ一室の空間で、二トンクレーンを走らせるI形鋼が通っているだけの単純な機能の建物である。設計・施工に関する資料はないが、希少な水道施設の遺構であり、景観として大仏トンネル（当初は一九〇七年頃に掘られた素掘りのトンネルだったが、後に煉瓦被覆となり、いまはコンクリート被覆）と競演している。

08

由比ガ浜公会堂

いまなお地域住民とともにあり続ける和風モダンの集会場

所在地：由比ケ浜二―七―二二
アクセス：JR・江ノ電「鎌倉」徒歩一五分、江ノ電「和田塚」徒歩二分
内部非公開

由比ガ浜公会堂は市立の施設ではないが、三つの自治会と二つの商店街組合とによって運営されており、申し込めば誰でも使用可能だというから、公共的な施設であることに変わりはなく、この公共施設のグループに入れても許されるであろう。

いまの建物は、一九三六年（昭和11）頃の建設になるものとされているが、「寄贈　昭和五年」と書かれた立派な柱時計があることを見ても、この公会堂の創立はさらに遡るものと思われる。公会堂というのは、公衆の集会・行事のための施設で、一九二〇年（大正9）頃から各地に設けられており、いわば大正デモクラシーの産物であった。この由比ガ浜公会堂は、鎌倉におけるそうした施設の草分けで、由比ガ浜近辺の人々の社会意識の高さを証するものとしてよい。戦後は由比ガ浜公会堂ではなく由比ガ浜青年会館と呼ばれていた時期があったらしく、いまも表札に「一般社団法人　由比ヶ浜青年会」の名が「由比ガ浜公会堂」の脇に記されている。

規模や風体からして公会堂というよりも公民館といったほうがぴったりするような気もするが、この和風木造二階建ての建物は、高雅では全然ないにしても、なかなかユニーク。鎌倉の地を意識したか、切妻および入母屋の破風に懸魚がついており、二階の窓の一つには高欄《こうらん》までついている。高腰の基礎には鉄平石《てっぺいせき》が張ってあり、さらには二階の主室は格天井である。なかなか立派といってよいであろう。しかも、いまあげたところ以外はまったくシンプルで、内部は和風モダンといった感じ。おそらくは少ない予算で、丈夫で無駄がなく、しかも一種の風格を出そうした仕事ということになる。

いま、少ない予算と書いたが、「武川」もしくは「ムトウ」という地主の寄付金千円によって建てられたという。建てたのは、大貫力三という地元の大工らしい。ともあれ、地元の人のお金と地元の人の手によって建てられ、八〇年も機能し続けて来たという貴重なヴァナキュラー・ヘリテージである。高尚なもののみが価値があるわけではない。土地の歴史的価値は、すべてを含みこんだトータルなものでなければ、薄っぺらで嘘くさいものになってしまうのである。

洋風住宅・医院

鎌倉市長谷子ども会館

09

鎌倉市長谷子ども会館

旧・諸戸邸

〈鎌倉市景観重要建築物・国登録有形文化財〉

明治時代の面影を宿す
クラシックな意匠

所在地：長谷一―一一―一
アクセス：江ノ電「由比ケ浜」「長谷」各徒歩五分
非公開

古我邸（30―32ページ）とともに、希少な震災前の建物で、しかも創建は明治である。明治の洋風住宅としては、他に「望洋楼」こと伊藤邸（旧・石川賢治別荘、鎌倉市景観重要建築物）が知られているが、「望洋楼」は応接室一室のみを洋風にした大半は和風の建物であるから、鎌倉市長谷子ども会館は明治期の正統的で緻密なクラシックの意匠をもつ洋風の建物としては鎌倉で唯一のものとなる。実際、古典主義の意匠をもつ明治洋風邸宅の雰囲気は鎌倉ではここでしか味わえない。とすれば、「ビッグスリー」にこれも含めて「ビッグフォー」としてもよいようなものだが、いかんせん、かつては隣接してあったというより大規模な和風の建物は失われ、一万平米近くあったとされる広大な敷地もなくなっており、いまはこの子ども会館だけが孤影を曝している状態であるから、やはり「ビッグスリー」とは比べられない。

木造二階建てのこの建物は、一九〇八年（明治41）、福島浪蔵別邸として建てられた。それは、「明治四十一年二月三日建立　福島氏」と書かれた棟札があり、『現在の鎌倉』に「同上　二三一　同日本橋、兜　株仲買　福島浪蔵」（最初の「同上」は前々項にある「海岸」となるが、これは誤記であろうか。次の「同」はもちろん「東京」）と記されており、またこの土地が浪蔵の長女の名によって登記されていることによる。先述のように、この建物の北側および東北側に大規模な和風建物があった。この洋館も含めて、それらは震災にも耐え、震災時の救療所本部として用いられたという。福島浪蔵（一八六〇―一九一九？）は横浜・戸塚出身で株式仲買業により成功した立志伝中の人。戦後、やはりこの別邸の一部が接収されている。この土地は一九二一年（大正10）に、桑名出身の富豪、諸戸清六の二代目に所有権が移り、一九三六年（昭和11）に二代目清六の子息民和に相続され、そして一九八〇年（昭和55）に鎌倉市に寄贈され、同年に長谷子ども会館となった。この建物は実際には諸戸民和別邸であった期間が最も長く、それで長い間「諸戸の洋館」と呼ばれ続けてきた。別称を旧・福島邸としないで旧・諸戸邸としたのもそのためである。

この建物の正統的でクラシックな意匠は、オーダー柱（古代ギリシャ・ローマ建築に由来する定則に則った円柱。ドリス・イオニア・コリント・トスカナ・コンポジットの五種がある。長谷子ども会館の一階はドリス式、二階はイオニア式）を備えたバルコニーに集中して見られるが、その意匠の質からして、いわゆるアーキテクトの設計になるものと推察されるが、残念ながら設計・施工関係者ともわからない。

10

旧・安保小児科医院

〈鎌倉市景観重要建築物〉

地元商店街のランドマークとなった
鎌倉大工の代表作

所在地：御成町
アクセス：JR・江ノ電「鎌倉」徒歩五分
非公開

旧・安保小児科医院は、御成通りなど三つの道路が交わる五差路の角の三角地に、木造二階建ての印象的な姿を見せて、一種のランドマーク的な存在となっている。そのランドマーク性を付与しているのが、規模のわりには建端《たつぱ》の高い建物であることと、三つの方向に置かれた矩《かね》勾配（45度の急勾配）をもつ切妻の破風を備えていることである。つまり、大棟の双方の破風に加えて、側面にも大きな屋根窓の破風が設けられており、通りのどこからもこの破風が見えるわけである。しかも、それらの破風の妻面は、柱形を表面に見せたハーフティンバーの表現をとっており、ピクチュアレスクな雰囲気を醸し出している。

この建物は、鎌倉市医師会長も務めた安保隆彦（一八八八—一九五六）によって、一九二四年（大正13）頃に建てられ、子息隆文（一九二三—一九九五）に受け継がれ、一九九五年（平成7）まで医院として使われ続けた。その後、一九九七年（平成9）から二〇一三年（平成25）まで鎌倉風致保存会の事務所として使われることによって、内外装とも創建時に近い姿を保ち続けている。診察室は窓が広くて明るく、診察室と待合室の天井中心飾りには、鶴の漆喰細工や、ウサギとニンジンをかたどった漆喰細工が見られる。患者の子どもを意識したものであろうが、これは施主の要望か、それとも施工者のアイデアか。

その施工を行ったのは、設計も含めて、三橋直吉（一八七六—一九四〇）である。これは隆文からの教示によるところであり、また直吉の遺族からの伝聞にも基づく。先述の通り、三橋直吉は古くからの大工の家柄の出であり、町会議員も務め、御成小学校の棟札に建築委員としても登場する人である（18ページ、35ページ参照）。旧・安保小児科医院は三橋直吉の代表作の一つであり、数少ない現存作品でもある。

かつては、大庭医院（一九九一年頃取り壊し）、赤尾耳鼻咽喉科医院（一九九六年頃建て替え）、針谷産婦人科医院（二〇〇五年頃建て替え）など鎌倉の街並みの景観のポイントとなる洋風医院がいくつかあったが、次々に姿を消している。一般に、病院や医院は医療機械や医療の進歩に伴って建て替えられることが多く、なかなか残りにくい。そうしたなかで、この建物は、鎌倉の戦前医院建築の姿を、いまに伝える唯一のものといってよいであろう。

11

篠田邸

旧・村田邸

〈鎌倉市景観重要建築物〉

外観から細部の意匠までに漂う昭和モダンの息吹

所在地：由比ガ浜二丁目
非公開

篠田邸の洋館部は、一九三三年（昭和8）に、既存の和風平屋の村田繁太邸に増築された木造二階建ての建物である。既存の和風平屋は洋館部増築の数年前に建てられたと見られるが、一九八二年（昭和57）に火災に遭い、建て替えられている。この洋館部は被災を免れて健在。この洋館部については、一連の設計図面類が大林組にマイクロフィルムで残されており、建設年がはっきりしている。その図面類の中に、「志村建築事務所」の押印のある各階平面図があり、その内容は現存の建物とほぼ同じである。したがって、この建物の施工と実施設計は大林組で問題はないが、基本設計は「志村建築事務所」によって行われたと見なされる。「志村建築事務所」は、おそらく志村太七が営んでいた東京・日本橋区通にあった設計事務所だと考えられるが、この事務所は作家・志賀直哉の異母弟、志賀直三と共同で開設されたらしい。志村は「十數年の米國留学の間、その半分は實地に米國の建築事務所で働き、アルバイトをしながらハーバート《ママ》大學を卒業して歸朝した人」（志賀直三『阿呆傳』新制社、一九五八）ということになっており、日本建築学会会員名簿にも出身校は「ハーヴァード大学」となっている。

この建物の施主の村田繁太は、建築当時は横浜興信銀行（現・横浜銀行）の常務取締役であった。創建の四年後にこの建物の所有権は繁太の長男幸太郎に移り、そして一九六一年（昭和36）以降は、国文学者篠田太郎（一九〇一―一九八六）および子息の住まいとして現在に至っている。

さて、この建物の外観であるが、旧・華頂宮邸と同じテューダー・リヴァイヴァルのスタイルで、つまりは中世末期のゴシックと民間の住宅建築の要素を混ぜ合わせたスタイルである。旧・華頂宮邸の縮小版のような感じもするが、旧・華頂宮邸が端正な古典的性格をも持っているのに対し、篠田邸はより中世的でピクチュアレスクな感じがする。たとえば切妻の破風が、旧・華頂宮邸が直線なのに対して、篠田邸は先端が少し反っており、より華やかな感じがする。用いられたハーフティンバーの表現も、ハーフティンバー本来のイメージと重なる。というのも、ハーフティンバーはもともと半木造ということで、下階が石造もしくは煉瓦造、上階が木造であることに由来するが、篠田邸は一階がスクラッチタイル張り、二階が柱形・梁形を表した真壁の表現をとっているからである。内部も、主室たる応接室には緻密な意匠が見られ、この建物が明治以来の様式建築の伝統を踏まえながらも、昭和期のモダンさを加えていることをよく物語るよき作例と見なされるのである。

12

石川邸

旧・里見弴邸

〈鎌倉市景観重要建築物〉

いち早く鎌倉にもたらされた

Ｆ・Ｌ・ライトの造形

所在地：西御門一—一九—三

アクセス：京浜急行バス「大学前」徒歩一〇分

日時限定で一般公開。

「西御門サローネ」の詳細はＨＰなどを参照

石川邸は、一九二六年（大正15）、作家里見弴（一八八八―一九八三）の常住の住まいとして建てられた。この創建年の根拠は里見弴の年譜によるが、里見はいわゆる鎌倉文士の最初期の人ということになる。しかも、里見と鎌倉の関わりはさらに古く、一九二四年（大正13）にまで遡る。この時以降、ずっと鎌倉に在住することになるのだが、しばしば転居しており、この石川邸に住んだのも約一〇年間である。里見の実家、有島家と鎌倉との関わりはもっと古く、一八七九年（明治12）に父親の官僚（後に実業家）有島武（薩摩藩士出身）が現在の由比ガ浜に別荘を設けたことに遡るとされる。つまり、有島家は非常に早い時期の鎌倉別荘族ということになる。里見は幼児期、その別荘で過ごしたらしい。というわけで、里見弴と鎌倉の関わりはたいへん深い。里見が引っ越した後のこの建物の所有者は、しばしば変わったようだが、一九六三年（昭和38）以降はずっと石川邸となり、現在は「西御門サローネ」として保存活用されている。

建物の外観の意匠であるが、非常にモダンで軽やかである。木造二階建てであり、寄棟の銅板瓦棒葺きの屋根がかけられてはいるのだが、屋根の勾配は緩やかであり、一見陸屋根のようにも見える。とりわけ深い庇をもち、水平方向への印象が強い玄関ポーチやパーゴラ（蔓棚）の存在がそう思わせている。また、プランも単純な矩形ではなく、凹凸を繰り返す複雑な輪郭線を描く。そして個々のデザインには、F・L・ライトの強い影響が見られる。水平線の強調や自由に凹凸するプランがすでにライトの影響であろうし、ライトが好んだ六角形や菱形による斜めの線も随所に見られる。石川邸は、旧来のクラシックな要素を払拭した鎌倉で最初の洋風住宅であり、鎌倉に斬新なライト風デザインをもたらした最初の住宅ではないかと考えられる。

ところで、この建物の背後には、高床式草葺き民家とでも称すべき和風の建物（茶室機能も備えた書斎）がある。その小屋組の幣束《へいづか》には「昭和四年四月吉日」と「施主山内家　棟梁高橋久次郎　下島松之助　鳶頭岡崎治助」（里見弴の本名は山内英夫）という墨書が見られ、洋風主屋竣工後まもなく建てられた建物であることがわかる。記された棟梁たちの履歴については不詳。その設計者であるが、里見自身が「妻の注文にまかせて、自分にはさう欲してゐない洋風の建築にしたが……別棟に四畳半の仕事部屋を、これこそ自分の心のままに建てたいと思ってゐるが、今のところ金の都合がつかないので、一人胸のうちに何度となく建てては崩し、建てては崩してゐる」（「家の霊」、中央公論、一九二七年七月）と書いているから、和風棟は自ら設計したのであろう。里見弴はデザインをよくし、鎌倉に引っ越す前の東京・四谷の自宅を自分で設計しているし、将棋の大山康晴名人や漫画家の横山隆一の那須山荘も設計している。しかし、洋風主屋のほうは、前述の通り、夫人の意向のほうが強かったようである。というわけで、鎌倉にライト風意匠をもたらしたのが誰かについては残念ながらわからない。

13

小池邸

〈鎌倉市景観重要建築物〉

昭和初期のモダンな分譲住宅

所在地：大船二丁目
非公開

大正末期から昭和初期にかけて、大船田園都市株式会社が、大船駅東口に「新鎌倉」と名づけた住宅地を開発・分譲しようとした計画があった。小池邸は、その計画によって一九二七年（昭和2）に建てられた住宅である。大船田園都市株式会社は、東京渡辺銀行などを経営していた渡辺一族が一九二一年（大正10）一二月に設立した会社で、当初は約一〇万坪の土地に公園、テニスコート、クラブ、小学校、野外劇場など様々な文化設備を備えた住宅地を建設するという壮大な構想であった。基本的には営利事業ではあったが、住宅は洋風とし、建蔽率を小さくして芝生帯、生け垣を設けるといったルールを課し、「中流人士に適当なる」住宅地をつくらんとする一種の理想都市構想でもあった。しかし、大船田園都市株式会社は金融恐慌の翌年の一九二七年（昭和2）にあえなく倒産している。この会社は、分譲もし、土地購入者の要望に応えて住宅の設計・施工もし、また自ら設計・施工した社営の住宅を貸す事業も行っていた。そうして建てられたおそらく三〇棟を超えた（藤谷陽悦「大船田園都市株式会社の田園都市事業について」日本建築学会計画系論文報告集四四四号、一九九三年二月）であろうモダンな住宅も次々に建て替えられ、いまはこの小池邸を残すのみである。

当初は、吉川春次郎別邸として建てられた。吉川は千葉医専（現・千葉大医学部）を出た医者で、東京・茅場町で開業していた。この住宅は、一九四三年（昭和18）に、春次郎の子息で東大医学部教授も務めた医学者春寿に相続され、そして一九五九年（昭和34）に小池亮二の所有となって今日に至っている。

大船田園都市株式会社の事業報告書により、この建物の設計・施工とも大船田園都市株式会社であることがわかる。この会社には、一九一二年（明治45）に京都高等工芸学校（現・京都工芸繊維大学）図案科（後の建築科）を出て、宮内省内匠寮《たくみりょう》に勤めた後、大船田園都市株式会社に転じた山田馨が技師としており、建築関係の技術者も少なかったから、おそらく彼の担当と思われるが、山田は一九二七年（昭和2）四月に山田建築設計事務所を開いて独立しているので微妙なところではある。その外観は、シャレー（山小屋）風の玄関ポーチを中心にピクチュアレスクなファサードを展開しており、昭和初期のモダンな中規模住宅の一典型の姿を伝えている。

14

石島邸

〈鎌倉市景観重要建築物〉

大樹に守られた貴重な戦前の住宅

所在地：雪ノ下一丁目
非公開

石島邸は、木造二階建ての洋館であるが、外壁はモルタル塗りの大壁であり（つまり柱形や梁形などの装飾的な部材がない）、玄関ポーチの二方向につけられた半円アーチの開口部を除けば、比較的シンプルでモダンである。この建物の最初の登記は一九四二年（昭和17）なので、それ以前に建てられた建物であることは確かだが、基礎はコンクリートであるが、小屋組は和小屋であることから、創建は大正末期から昭和初期にまで遡るかもしれない。その登記は、東京市麻布区広尾町の大村正雄によって行われており、登記の同年同月に東京市麻布区笄町の川喜多長政に売却されている。つまり、この登記はおそらくは売却のためのものであっただろうから、建物はそれ以前から存在した可能性が高い。一九四二年（昭和17）以降は、川喜多長政の別邸となり、戦後は接収され、接収解除後は川喜多の経営する会社の寮として用いられたり、彼の親族の住まいとして用いられたりしていたが、一九九〇年（平成2）からは石島邸として今日に至っている。

川喜多長政（一九〇三―一九八一）は、一九二八年（昭和3）に東宝東和の前身である東和商事を設立、欧州映画輸入事業の先鞭をつけた人で、この建物を手に入れた一九四二年（昭和17）当時は、東和商事の代表取締役であると同時に、日中合弁の中華電影公司の専務（実質的な代表者）であった。前年の一九四一年（昭和16）に、いまは鎌倉市川喜多映画記念館（旧・川喜多邸として72ページに別掲）に建て替えられた向かい側にあった建物を住まいとしてすでに購入しており、窟《いわや》小路と呼ばれてきた通りの両側が川喜多邸であったことになる。ところで、最初の登記者の名は最初期の映画俳優、大村正雄（一八七八年生まれ）と同姓同名で、もし同一人物であればまた一つの物語が生まれることになるが、大村正雄の本名は別にあり、俳優名で登記するとはまず考えられないから、これは偶然の一致であろう。

石島邸は、今日では数少ない大樹の点在する広い敷地内にあり、人造石洗出し仕上げの基礎をもつ土盛りの上に設けられた生け垣や、よく維持された外観とともに魅力的な景観を形成し続けている。

15

石窯ガーデンテラス

旧・犬塚邸

禅寺境内の赤い屋根の洋館と庭園

所在地：浄明寺三―八―五〇
アクセス：京浜急行バス「浄明寺」徒歩八分
浄妙寺境内。「石窯ガーデンテラス」営業の詳細はHPなどを参照

浄明寺（地名）の浄妙寺（寺名）の境内の奥まったところにある相当な規模の木造二階建て（一部は三階）の洋風住宅である。二〇〇〇年（平成12）からはレストランとなっていて、石窯で焼いたパンを供し、庭のテラスで食事もできるということでこの名がつけられているのであろう。それがテレビで紹介されてびっくり、あわてて見に行った次第であるが、由緒ある禅宗のお寺の奥にこんな立派な洋館があったとは！

当初は犬塚勝太郎邸として、一九二二年（大正11）に建てられたとされる。犬塚勝太郎（一八六八―一九四九）は帝国大学法科大学を出て内務官僚となり、後に政治家となって一九二〇年（大正9）以降ずっと貴族院議員を務めていた人である。一九二四年（大正13）発行の交詢社の『日本紳士録』に、「犬塚勝太郎　貴族院議員　鎌倉郡鎌倉、浄明寺六六」とあり、一九一八年（大正7）刊行の『大正人名辞典』の犬塚の現住所は「東京、麹、飯田、五ノ三三」とあるから、犬塚はこれを常住の住まいとしたことを確かめ得る。犬塚と鎌倉との関わりはさらに古く、『現在の鎌倉』に「同上　一九五　同　麹町、飯田五　官吏大《ママ》塚勝太郎」（「同上」は前後の関係から「坂の下」のこと）とあるから、明治期にはすでに坂の下に別荘を持っていたことがわかる。ちなみに、犬塚は一九二〇年（大正9）から一九二二年（大正11）までジュネーヴの国際機関に派遣されており、その影響がこの住宅に及んでいるかもしれない。

一時期筆者は、鎌倉の戦前の建物を探して歩き回ったことがあるが、お寺の中に洋館があるとは考えもしなかったので気づくはずもなかった。しかも、震災前の創建になる建物である。いやはや、鎌倉は奥が深い。たしかに基礎は石造であり、内部の階段の親柱もセセッション*風の意匠で、大正期の建物の雰囲気はある。洋瓦で葺かれた屋根は寄棟、切妻、半切妻が複雑に組み合わされ、おまけに屋根窓もいくつかあって、非常にピクチュアレスク。ただし屋根の反りはなく直線的。

これを設計したのはドイツ人と伝えられているようだが、その可能性はある。もっとも、当時のドイツ人建築家なら屋根を直線ではなく、少なくとも一部は反らせそうな気がする。よく知られた日本のドイツ人建築家というと、ゼールとデラランデとヒンデル（スイス人）ぐらいしかいないが、ゼールは一九〇三年（明治36）に離日、デラランデは一九一四年（大正3）に亡くなり、ヒンデルの来日は一九二四年（大正13）であるから、彼ら三人ではない。ドイツ人設計説が正しければ、知られざるドイツ人建築家の手になるものということになる。

＊　一九世紀末から二〇世紀初頭にかけて、ドイツ・オーストリアで見られた芸術改革運動。従来の様式建築の細部を簡略化・幾何学化していることに特徴がある。ゼツェッションとも。

和風住宅

平井家長屋門

16

旧・川喜多邸

〈景観重要建造物〉

旧・和辻邸

移築を重ねて日本文化と深く関わり続ける古民家

所在地：雪ノ下二―二―一二
アクセス：JR・江ノ電「鎌倉」徒歩八分
年二回一般公開。
詳細は「鎌倉市川喜多映画記念館」HPなどを参照

旧・川喜多邸は、先述の石島邸（65―67ページ）の向かいにある。この地には当初、一九一五年（大正4）創建の木造二階建ての建物があった。その創建年については「大正四年三月廿九日　阿闍梨慈潤敬白」と書いた棟札があるので確かだが、「慈潤」なるおそらく密教系の僧侶の名については不詳。登記は「加茂正雄」名義で行われているので、この二人は同一人物であろうか。その次の持ち主が川喜多長政（一九〇三―一九八一）・かしこ（一九〇八―一九九三）夫妻で、名義が替ったのは一九三一年（昭和16）のことである。夫妻は一九五一年（昭和26）に、同じく二階建ての建物を清水建設の設計・施工で増築している。その際に、既存の建物もかなり改造は加えられつつも残され、二つの棟が建ち並ぶ一戸の住宅としては少し奇妙な外観を呈していた。しかし、これらはすべて、残念ながら鎌倉市川喜多映画記念館（二〇一〇年開館）となる際に取り壊された。

ただ、敷地内の北の方に農家風の木造平屋が現存している。これは、東京都練馬区南町にあった哲学者和辻哲郎（一八八九―一九六〇）邸の主屋を一九六一年（昭和36）に川喜多夫妻が当地に移築したものである。そして、この旧・和辻邸の主屋は、一九三八年（昭和13）に、棟梁の山田源市が神奈川県の大山の麓にあった古民家を解体移築したもので、さらにその古民家はもともと松田にあったものを移築したものという（和辻哲郎「田舎家の弁」『新潮』一九五七年四月）。和辻が古民家を移築して自宅とする意図をもったのは、藤沢の林達夫邸に刺激を受けた故という。ともあれ、この旧・和辻邸は三度の移築を経ているわけで、移築という日本の特徴的な住文化の継承のありかたをよく示す例といえる。

この建物のそもそもの創建年については和辻自身が考察しており、解体中に襖の下張りから宝暦および明和年間（一八世紀半ば）の書簡が見つかったことをもって、文化年間（一八〇四―一八一八）ぐらいまでは遡りうるのではないかとしている。しかし、『神奈川県の民家――足柄地方』（神奈川県教育委員会、一九七四年）によると、この建物のプランである食い違い四間取りは幕末期の主流である。あるいは一部に古い部分を残すかもしれないが、三度の移築を経て相当な改造は加えられているであろう。とりわけ和辻邸となる際の改造が大きいようで、鎌倉へはほとんどそのまま移築されたものと考えられる。つまり、やはりこの建物は古民家を愛した和辻の邸なのである。

17

成瀬家住宅

〈鎌倉市景観重要建築物〉

一九世紀から大切に住まわれてきた茅葺き農家

所在地：手広二―三二―一
アクセス：湘南モノレール「西鎌倉」徒歩一〇分、
江ノ電バス「鎖大師」徒歩一分、
京浜急行バス「鎌倉山」徒歩七分
「鎌倉山なるせ」営業の詳細はＨＰなどを参照

成瀬家住宅は、手広《てびろ》にある茅葺きの平屋の農家である。県道３０４号の脇の洞門を抜けてアプローチするので、一種の別世界へ誘われる感じがする。成瀬家は一八世紀にまで遡るかもしれない昔からこの地に居を構えてきているいわゆる旧家である。現在の建物がいつ建てられたかは、確たる史料がなく特定することが難しいのだが、主屋は一九世紀後半（江戸末期から明治初期）の建設になるものと考えられる。その根拠は、角釘《かくくぎ》が残されていてかなり時代を遡りそうだが、プランが四間取であること（より古くは三間取）、部材の仕上げがすべて鉋《かんな》であること（より古くは手斧仕上げ）、そして差物《さしもの》（差鴨居や差梁など、柱を省いて開口部を広くとるための構造材）が三本あること等である。そして蔵は、一八六九年（明治２）頃の竣工になるものと成瀬家に伝えられている。いずれにしても、成瀬家住宅は近世末の農家の希少な例であり、この時期の農家の様々な特徴を兼ね備えたサンプルとなるべき存在である。

ところで、茅葺きの屋根は定期的に葺き替える必要があるが、かつてこの手広地区には五三軒もの茅葺きの農家があり、講（屋根講中と呼ばれる。かつては屋根講中が三つもあった）をつくって順番に葺き替えていたが、一九七五年（昭和50）頃に講もなくなり、茅葺きの家も成瀬家住宅のみになったという。

成瀬家住宅は茅葺き屋根の主屋と蔵を中心にいくつかの付属屋を加えて、一連の建築群を構成し、前面の鎌倉石の石積みによる塀と生け垣、それに石造の門（これは洋風、昭和初期のものか）、背後の豊かな緑と相まって魅力的な景観を形づくっている。現在は予約制の

「古民家お食事処　鎌倉山なるせ」としても使われているようであるから、近世民家の魅力をゆっくりと味わうことができそうである。

18

野尻邸　旧・大佛次郎茶亭

〈鎌倉市景観重要建築物・
公益財団法人鎌倉風致保存会保存建造物〉

一〇〇年にわたり鎌倉文化史の
舞台となった美しい茅葺き屋根住宅

所在地：雪ノ下一―一一―二三
アクセス：ＪＲ・江ノ電「鎌倉」徒歩七分
「大佛茶廊」営業の詳細はＨＰなどを参照。
年一回「鎌倉風致保存会」による公開あり

野尻邸は、鶴岡八幡宮の東側を区切る通りが、県道２０４号線を超えて南下して間もなく南西方向へとカーブする路地の北側に位置する木造平屋茅葺きの数寄屋風建物である。路地のカーブに沿って黒い板塀が設けられ、敷地内の緑と相和して独特の景観を形成している。この路地そのものが古くからある道らしいが、路地の南側に一九二九年（昭和41）以来、本邸を構えていた作家大佛《おさらぎ》次郎（一八九七—一九七三、本名野尻清彦）が、一九五二年（昭和27）にこれを手に入れ、接客施設あるいは一種の文化サロンの場として用いてきている。建物は、二つの八畳間を中心に構成され、茶室も二つあり、文化サロンとしてふさわしい。大佛の交際範囲は広く多様で、鎌倉文士のみならず外国人を含む多彩な人がここに招かれ、一つの鎌倉文化の発信地として機能した。大佛自身も理事を務めた鎌倉風致保存会の設立にも役立ったかもしれない。現に、これは同保存会の保存建物第一号とされている。表題にあるように、いまも野尻邸であることに変わりはないが、最近は週末に開かれるカフェ「大佛茶廊」としても用いられている。

さて、この建物は大佛次郎が建てたわけではなく、彼が手に入れるずっと前からあった。その創建年と以前の持ち主に関わる話である。建てられたのは、言い伝えと、それを裏づける写真史料などからして、一九一九年（大正8）として間違いがないようである。つまり、これも震災前の希少な遺構ということになる。関東大震災ですべての建物が壊れたわけではないし、屋根の荷重の少ない茅葺きは地震には意外と丈夫だったかもしれない。当初の所有者ははっきりしないようであるが、歌舞伎役者六代目尾上菊五郎とか、その夫人となる丹羽千代、千代の兄丹羽一郎、一郎の友人志賀直三（篠田邸の項、57ページで登場）などに関わりがあるようである。はっきりしているのは、昭和初期には高島直介の所有となっていたことで、彼は建築のみならず映画にも手を出した志賀直三が脚本を書いた映画で起用した女優高島愛子の兄であり、日本画家高島北海の次男である。高島直介の後は老舗料亭なだ万の関係者の所有となり、さらに大佛次郎へと至るわけであるが、大佛以後はもとより大佛以前もこの建物をめぐる人模様は逸話に富んでいて非常に華やかである。もちろん建物と庭園のよさがそうさせているのであろうが、場所自体のよさもあずかっているかもしれない。ともあれ、ここを巡って鎌倉近代に関わるたくさんの興味深い物語が展開したということである。

19

平井家住宅・長屋門

〈鎌倉市景観重要建築物〉

一〇〇年前の鎌倉の田園風景をとどめる
ゆったりとした農家

所在地：城廻
非公開

平井家住宅は城廻《しろめぐり》にある非常に大規模な農家である。その敷地（裏山一体を含む）は昭和初期までは関谷に属し、平井家は江戸時代には関谷村の名主で藤沢宿の助郷惣代《すけごうそうだい》も務めたという旧家である。また当家には「平井文庫」として知られる江戸時代と明治期の古文書が残されてきている。

平井家住宅の主屋は六間取りで建築面積二〇〇平方メートルを超える大型の木造平屋であり、長屋門もまた建築面積一二〇平方メートルにも達する木造二階建てで、これもまた稀に見る大規模な長屋門である。屋根は主屋が寄棟、長屋門が入母屋で、両方とも、かつては草葺きであったようだが、いずれも昭和三〇年代に桟瓦《さんがわら》に葺き替えられている。その際、小屋組が改造され、主屋は少し曳家《ひきや》されて、基礎も一部変えられている。この二棟のほかにも堆肥小屋や物置などの付属屋があり、一体となって大型農家のありようを今日までよく伝えている。

さて、主屋や長屋門がいつ建てられたかという問題であるが、いずれも大正初期に登記されており、それ以前の創建のものであることは確認できる。そして、長屋門は一八八七年（明治20）頃の建設と見なされてきており、おそらくそれが正しいのではないかと思われる。一方の主屋はさらに古く、一九世紀半ばまで遡るのではないかと考えられる。その理由は、改造の少ない部分の柱が飛ばされないで一間ごと建てられ、鴨居が三本の溝をもつ（障子と板戸を入れるので二本溝よりも閉鎖的になる）という古い民家の特徴を備えていること、一方で部材の仕上げは手斧仕上げではなく、すべて鉋仕上げであること等である。

城廻の交差点から関谷インターまでの県道402号の両側には、戦前の創建になると思われる農家がいくつか残されており、また造園業を営む農家もあって、緑豊かな一種独特の景観を展開している。平井家住宅は、その中で最大規模の農家であり、この地区の景観の一つのかなめとなっているものである。

20

去来庵

〈鎌倉市景観重要建築物〉

数寄屋風門の奥の正統派和風建築

所在地：山ノ内一五七
アクセス：ＪＲ「北鎌倉」徒歩八分
「去来庵」営業の詳細は直接問い合わせ

去来庵は、県道21号横浜鎌倉線（鎌倉街道）の北鎌倉界隈の東側の傾斜地にある。道路側からは、比較的新しい洋風棟がまず目に入るが、野石積みの石垣上の生垣の向こうにくだんの和風木造平屋がある。道路側にある板戸の引き戸を設けた簡素な数寄屋風の門をくぐり、くの字形に曲がる魅力的な石敷きの坂道を上って玄関に近づかないとその姿は見えないかもしれない。

この建物は、運搬器具機械制作業の日下製作所株式会社を創業した実業家、日下武一（一八七三―一九六三）の別荘として建てられた。創建年を特定する資料はないが、昭和初期に建てられたと伝えられており、また「去来庵　昭和十二年初夏」と書かれた第二三六世建長寺派菅長菅原曇華《どんげ》（一八六六―一九五六）の書が額装されて残されており、一九三七年（昭和12）にはすでに完成していたと考えられる。去来は漢詩や書や囲碁をよくした日下の号であり、去来庵の名は創建当初からのものである。当時の日下の住所は東京品川区西品川であるから、これが鎌倉別荘であったことは間違いないが、彼が七八歳の時（つまり一九五〇年（昭和25）頃）の心境を綴った「野鶴」という漢詩の内容からすると、晩年のその頃は鎌倉に常住していたものと思われる。常住のためにであろうか、彼は一九五一年（昭和26）頃に、敷地の北隅に木造平屋の住宅を別に建てている。彼はまた「昭和二十七年六月　八十翁去来」が「書並鐫」、つまり書いて鐫《のみ》で彫った般若心経の板彫りも残している。一九七九年（昭和54）からは、子孫によって同じ名の去来庵というレストランとして使われている。

さて、去来庵は木造平屋、桟瓦葺き寄棟の奇をてらわないオーソドックスな和風住宅である。設計・施工関係者については不詳。去来庵には、先述の一九五一年(昭和26)頃の別棟とは別に、茶室と思われる切石の炉を備えた部屋をもつ桟瓦葺き切妻、石造基礎の木造平屋がある。これも去来庵と同じ頃に建てられたものと考えられ、去来庵は主棟と茶室棟とがセットになって残されてた希少な遺構でもある。

和洋共存住宅

加賀屋邸

21

扇湖山荘

変遷を重ねた鎌倉山の豪奢別荘

所在地：鎌倉山一―二二―一
アクセス：京浜急行バス「若松」徒歩一〇分
不定期で庭園部分のみ一般公開。
詳細は鎌倉市ＨＰなどを参照

扇湖《せんこ》山荘は、わかもと製薬の創業者、長尾欽彌（一八九二―一九八〇）、よね（一八八九―一九六七）夫妻が鎌倉山の広大な山地に設けた別荘である。敷地は当初は一三万坪だったとされ、売却されて狭くはなったが、いまなお一・五万坪とも二万坪ともされる広さをもつ。その地に、明治期に建てられた飛騨高山の二階建ての民家を移築して（もちろん改造された部分はたくさんある）、新たにつくった鉄筋コンクリート造の一階の上に載せて三階建てとしたものである（斜面に建っているので、高い方から見れば二階建てのように見え、一階は地下階となる）。移築した民家の部分に新築部分をへの字形につけ足して全体として広壮な邸宅となっており、建坪は百数十坪に達すると見られる。完成したのは一九三四年（昭和9）。

設計は明治神宮宝物殿で名高い大江新太郎（一八七六―一九三五）と、彼が営んだ大江国風建築塾の塾員であり「江流会」（大江の薫陶を受けた人の集まり）のメンバーであった森口三郎で、現場監督は同じく「江流会」のメンバーであった根崎由次郎。つまり、大江とその弟子によって設計・監理されたということである。そして広大な敷地の造園は、「植治《うえじ》」の通称で名高い小川治平衛（一八六〇―一九三三）とその甥、岩城亘太郎によるもの。つまりは、扇湖山荘は当時の建築と造園の大家によってつくられた稀に見る一級の別荘ということになる。なお、世田谷の深沢にあった長尾夫妻の東京本邸「宜雨《ぎう》荘」（一九三一年）も、大江新太郎の設計、岩城亘太郎の造園でつくられたが、一九五四年（昭和29）に売却（それ以降は扇湖山荘が本邸となる）、同地には後に東京都立深沢高校が建てられたが、「清明亭」と呼ばれる離れのみが校内の一画に残されている。

扇湖山荘の敷地内には、前述の本館のほかに、伏見宮邸の茶室を移築したが故に「伏見亭」と名づけられた茶室棟がある。これは、本館からかなり離れた扇湖山荘の敷地の標高の最も高いところにあり、八畳、四・五畳、三畳台目の三つの茶室からなる。おそらく明治期に伏見宮貞愛《ふしみのみやさだなる》が営んだ茶室（紀尾井町本邸にあったものか）を、次の博恭（華頂宮邸の華頂博信侯爵の父親）の代に長尾に譲ったものと考えられる。鎌倉山への移築も扇湖山荘とほぼ同じ時期であろう。扇湖山荘は戦後、「長尾美術館」（長尾夫妻が蒐集した美術品を所蔵。一般には公開されていなかった模様）、「鎌倉園」（長尾欽彌経営の料亭）等となり、さらに何度かの所有者変更があり、一九八一（昭和56）年からは三和銀行の所有に帰したが、二〇一〇年（平成22）に鎌倉市に寄贈されて今日に至っている。かつてはいくつかの付属施設が点在していたようだが、いまは本館とこの茶室棟を残すのみ。まだごく限られた特定の日にしか公開されておらず、活用法を検討中と聞く。

さて、扇湖山荘の建築的魅力であるが、これがまた語るのが難しい。一階の鉄筋コンクリート造の部分はアーチもあって洋風であり、内部にも洋室はいくつかあるが、二、三階の躯体はもちろん民家風であり、さらに細かな意匠は近代和風でもあり、東洋風が加味されてもいる。そしてアール・デコの意匠も随所に見られる。粋がって多少鼻につくところもあるが（「鎌倉園」時代の改造によるものかもしれない）、その造形の量と質の集積には圧倒され、「宴のあと」を実感することしきりである。

22

笹野邸

〈鎌倉市景観重要建築物〉

和洋が巧みに共存する
大正期の邸宅

所在地：佐助
非公開

笹野邸は、大正末期に建てられたと思われる和洋折衷型の大型の住居で、かなり広い芝庭とともにこの時代のよき住文化のありかたを示している。基本的には寄棟銅板及び桟瓦葺きの和風二階建てと和風平屋の二棟が連続している建物であるが、玄関わきの当初は応接室だったと思われる広い部屋と奥の食堂（周囲の和風の中に非常に巧みに挿入されている）と思われる部屋を洋風にしている。とりわけ玄関は、まったく洋風といってもよく、玄関だけを見ていると屋敷全体が洋風の住宅ではないかと錯覚させるほどである。玄関わきの応接室とおぼしき部屋の外観も、玄関に呼応して洋風となっている。

この建物に関しては、一九二八年（昭和３）に実測された敷地（鎌倉町大字大町字佐助六四四、六四五番地）の測量図と「伊東邸実測平面図」とが残されており、また「伊東」という「横浜の銀行の元頭取」が建てたとも伝えられている。したがって、この建物が一九二八年（昭和3）以前に建てられたことは確かだが、交詢社の第三二版の『日本紳士録』（一九二八年）には「伊東秀之助　川崎貯蓄銀行取締役頭取　鎌倉市大町字佐助谷六四五」とあり、これが確かめられる。伊東は第二八版の『日本紳士録』（一九二四年）にも同住所で掲載されているから（そこでの役職は「常盤貯蓄銀行、町田銀行各取締、川崎銀行、所澤銀行各監査、川崎貯蓄銀行専務」である）、創建は大正一三年にまで遡る。しかし、それ以前には彼の名前は横浜（神奈川）の頁には登場しないから、震災後間もなくこれを建てて鎌倉に住んだということであろう。そして、一九五二年（昭和27）に深川の材木商、笹野幸二氏（後に東京木材乾燥協同組合の理事長）の所有となって今日に至っている。

ついでながら、伊東秀之助（一八八八―？）は川崎財閥の創始者川崎八右衛門（一八三四―一九〇七）の四男で、伊東家の養子となっているが、二代目八右衛門の弟にあたる。二代目八右衛門は鎌倉ではなく鵠沼に別荘を構えていたが、その妻幸子は鎌倉倶楽部の幹事であった郷誠之助（16ページ参照。鵠沼にも別荘をもっていた）の姉である。

23

加賀谷邸

〈鎌倉市景観重要建築物〉

ユニークな外観で愛され続ける大正期の別荘建築

所在地：長谷一丁目
非公開

加賀谷邸は鎌倉市長谷子ども会館（50―52ページ）にほど近いところに建つ建物で、全体は和風の二階建て住宅なのだが、一室で四〇平方メートルはあるかと思われる広い洋室があり、その天井もきわめて高く、平屋でありながら切妻屋根が飛び出して高くそびえていて界隈の景観のアイストップとなっている。この洋風部分は、単に建端が異様に高いだけでなく、その妻部分の破風に円窓や半円窓があったり、反対側の妻面の一方が斜めにカットされてプランが五角形になったりしていて、ともかくユニークで目立つ。

この建物が最初に登記されるのは、一九四三年（昭和18）の野村増子によるものであるが、彼女は松方正作（一八六八―一九四五、公爵松方正義の次男）の長女であり、野村駿吉（一八八九―一九六三、満鉄総裁野村龍太郎次男）の妻である。また、彼女の母親は岩崎弥之助の長女である。つまりこの建物は、野村家所有以前は松方正作の所有だった可能性があり、正作の老齢化に伴う遺贈とも考えられるが、もちろん推測の域を出ない。野村家の所有の後、戦後間もなくの一時期、作家山口瞳（一九二六―一九五五）の実業家であった父親の所有となり、瞳はここから鎌倉アカデミアに通っていたという。山口家の後は所有者が何人か変わり、一九六五年（昭和40）からは加賀谷邸となって今日に至っている。

さて、より重要なことは、この建物の創建が一九四三年（昭和18）以前のどこまで遡れるかである。それについては、長らく一九二五年（大正14）に建てられたと伝えられてきており、それを裏づける具体的な資料はないものの、大いにそれを信じてよいと考えられる。場合によってはそれよりもっと遡るかもしれないと思わせるところがある。先述の妻側の破風のデザインや暖炉のマントルピースがアール・ヌーヴォー風の雰囲気をもっていることや、全体的に長谷子ども会館のデザインの影響を受けていると見なされ、長谷子ども会館の竣工（一九〇八年〈明治41〉）からそれほど経たない頃の建設ではないかと思わせること等がその理由である。あるいはまた、震災直後に臨時病院として使われた建物の写真に、加賀谷邸とよく似たものがあることも理由としてあげられるだろう。もしそれが正しければ、たとえば震災に耐えた洋室を残して和風棟を震災後に新築したといったことも考えられるのである。

24

高野邸

洋館と和館のみごとな融合

住所：扇ガ谷一丁目
二〇一七年取り壊し

明治以降、従来の生活態度を維持しつつ洋風の住まい方を取り入れる際に、大邸宅は和館と洋館とを別棟にして建て、中規模住宅は和館部分と洋館部分を一棟に連続させて建て、さらに規模の小さいものでは一室（応接室または書斎）のみを洋風とするしばしば「洋館つき住宅」とも呼ばれるタイプのものにした。この高野邸は、和館部分と洋館部分を備えた中規模住宅のよき例で、しかもなかなか味わいの深いアプローチと庭園を備えた格好のサンプルだったのだが、二〇〇二年（平成14）に和館部分は解体されたようである。洋館部分は健在で、それだけでも通常の住宅として立派に機能している。洋館部分は木造二階建てで、南側に八角形で突出するベイウィンドー（張出し窓）が印象的である。和館部分は木造平屋であった。

高野邸のある敷地は、明治期には、一時期神奈川県知事も務めた男爵・貴族院議員沖守固の所有ということもあったが、その後しばしば所有者が代わり、戦後は接収されているようである。しかし、一九六七年（昭和42）以降は一貫して高野邸として存在している。

この地に登記簿上で建物が登場するのは、一九一八年（大正7）のことであるが、おそらく大部分は震災で建て変えられ、取り壊された和館部分は一九二七年（昭和2）の創建、そして現存の洋館部分は一九三三年（昭和8）の創建になるものではないかと考えられる。ただし、洋館部分は鉄筋コンクリート造の蔵（二・五間×二間）を外壁から突出させずに壁の中へ連続的に違和感なく取り込んでおり、その様子から、たとえば和館の新築の際に建てた既存の蔵を洋館の増築の際に壊さずに内包する形で取り込んだのではないかとも考えられる。いずれにしても、コンパクトなプランの中に完全に取り込んだ鉄筋コンクリート造の蔵はユニークである。

付記　高野邸は、二〇一七年六月に鎌倉市の景観重要建築物の指定を解除され、同年七月に取り壊された模様。本書の執筆中は存在しており、出版時には実際は「高野邸跡の散歩」ということになるが、相続等によって失われていく歴史的建造物の例を示すという意味もあって、この項を残した。

25

檑亭

旧清香園

〈鎌倉市景観重要建築物・本館と山門は国登録有形文化財〉

戦前の趣味人のスピリットがいまも息づく鎌倉山のユートピア

所在地：鎌倉山三―一―一
アクセス：京浜急行バス「高砂」徒歩一分
「鎌倉山　檑亭」営業の詳細はＨＰなどを参照

現在、鎌倉山のそば・会席料理の店として知られる檑亭《らい》は、当初は菅原恒覧《つねみ》（一八五九―一九四〇）の別荘「清香園」として建てられた。菅原恒覧は帝国大学の土木科を卒業し、日本の草創期の鉄道敷設にいくつか関わった鉄道事業家・鉄道技術者である。その次男が菅原通済（一八九四―一九八一）であり、彼は一九二八年（昭和3）に鎌倉山住宅株式会社をおこして鎌倉山（その命名も通済による）を住宅地化せんとした。恒覧はただちに通済から当地（二四〇〇坪）の分譲を受け、清香園の造営にとりかかっている。ついでながら、先述の扇湖山荘（88―90ページ）の長尾夫妻も通済の鎌倉山住宅株式会社から分譲を受けた。菅原通済は実業家であるとともに、趣味人・美術蒐集家としても名高く、蒐集した美術品をもとに「常盤山文庫」という美術館的なものを「三貴園」と称する自宅敷地内（現在の笛田六丁目）に設けていたが、彼の没後に常盤山文庫の建物は茅ヶ崎のレストラン「モキチ・トラットリア」の躯体として移築されている。なお、檑亭近くに一九三五年（昭和10）に建てられた「鎌倉山記」なる石碑があり、通済を顕彰している。

恒覧は通済の助けを得て（というよりも通済の指示に従って）、清香園内に由緒ある建物を次々に移築して点々と配することになる。まず一九二九年（昭和4）に関東大震災で倒壊した横浜・戸塚の「猪熊」某の農家を購入して移築し、これを本館（現在の檑亭の主要部分）とする。翌年の一九三〇年（昭和5）には、やはり震災で倒壊した鎌倉の古寺青蓮寺の玄関（部材に書かれた墨書から一八五六（安政3）年の建設になるとされている）の材料を買い受けて、本館の西北隅に増築し、これを玄関としている。さらに一九三一年（昭和6）には、鎌倉・西御門にかつてあったという高松寺の一七七〇年（明和7）創建、震災後復旧になる門を買い受けて山門とし、同じく高松寺の墓石を組み合わせて五層の石塔とし、東京・元園町にあった「杉谷画伯」の屋敷の「素園」という茶室（「明治四十三年五月吉日京都数奇屋師木村清兵衛」と記した棟札があるという）を移築して「月庵」とする等々である。また石仏は豊後から運んできたという（以上の記述は菅原恒覧『清香園誌』一九三五年による）。要するに菅原恒覧は、竹の密生するだけであった広大な山林を理想郷、歌枕のような名所、あるいは浄土にしようとしたのであろう。

この稀代の趣味の楽園は、一九六二年（昭和37）に菅原家から桑原用二郎（一九〇三―一九七四）が購入、一九六九年（昭和44）以降は用二郎の夫人の営む懦亭として今日に至っている。桑原用二郎は、長崎出身、東京商大卒の実業家で、松庫商店社長・中之島製鋼会長などを務めている。なお、懦亭となってから建てられた建物として「露庵」とその下の窯場があり、天満宮（かつての恒覧による「鎌倉山天満宮」は失われている）も一九七七年（昭和52）のものである。

古民家を移築して別荘を営んだ例は扇湖山荘がそうだが、懦亭は細部にいたるまで徹底した古物趣味に貫かれている。それは、扇湖山荘の建設に建築家や庭師が関わっているのに対して、懦亭の造営はおそらく徹頭徹尾菅原恒覧・通済父子の主導の下に行われたということを意味するであろう。

商店・オフィス

大船軒

26

旧・鎌倉銀行由比ガ浜出張所

愛着を誘う小さなアール・デコ建築

所在地：由比ガ浜三―一―一
アクセス：JR・江ノ電「鎌倉」徒歩一〇分、江ノ電「和田塚」徒歩一分
「THE BANK」営業の詳細は直接問い合わせ

旧・鎌倉銀行由比ガ浜出張所は、建築面積わずかに三四平方メートルほどの銀行の施設としては小さきにすぎる建物であるが、由比ガ浜通り（県道311号）に面する三角地のコーナーに印象的な姿を見せ続けて地域のモニュメント的な存在となっている。鉄筋コンクリート造の二階建てで、銀行建築の例にもれず古典主義建築の骨格を保っているけれども、個々の意匠は幾何学的で独自のものであり、セセッションあるいは今日いうところのアール・デコのスタイルに属すべきものである。

その創建は一九二五年（大正14）とされており、鎌倉銀行由比ガ浜出張所としてであった。鎌倉銀行は一八九七年（明治30）の創立になる銀行で、昭和初期から順次、町田銀行、相模実業銀行、瀬谷銀行と合併して順調な発展を示したが、一九四一年（昭和16）には明和・秦野・相模・足柄農商・平塚江陽の五行とともに横浜興信銀行（一九五七年からは横浜銀行）に吸収合併される。この時期の鎌倉銀行は、一三の本支店、五つの出張所を有しており、吸収合併された六行の中では最大の銀行であった。吸収合併以後も横浜興信銀行由比ガ浜出張所として機能していたが、一九四五年（昭和20）に出張所は廃止。戦後は佐古小児科医院として一九七五年（昭和50）頃まで存在していたが、それ以降はバーやレストラン等に使われて今日に至っている。なお、この建物は、これまで旧・横浜興信銀行由比ガ浜出張所と呼ばれることが多かったが、上述のように横浜興信銀行由比ガ浜出張所としてあった期間はわずかに四年であり、鎌倉銀行由比ガ浜出張所であった期間のほうが長いし、当初の名前でもあるので表題を旧・鎌倉銀行由比ガ浜出張所とした。

さて、この珠玉のような建物の設計者であるが、当時帝大を卒業したばかりの「木村」某だという（金田耐氏のご記憶による）。たしかに、一九二一年（大正10）の東大・建築の卒業生の中に木村栄二郎なる人がいる。彼は明治神宮外苑の先代の日本青年館（一九二五年竣工）の設計者でもあり、時期的に鎌倉銀行由比ガ浜出張所の建設と重なってはいるが、すぐれた意匠の調子からして大いにありうることと見なされる。木村は一九四三年（昭和18）以前の紳士録では逓信省の技師となっており、一九五六年（昭和31）の日本建築学会会員名簿では「建修社代表取締役」となっている。

27

大船軒

地元企業の本拠地として活躍する
アール・デコ建築

所在地：岡本二―三―三

アクセス：JR「大船」徒歩一〇分

「茶のみ処　大船軒」営業の詳細はHPなどを参照

東海道線大船駅の開設は一八八八年（明治21）のことで、翌年には横須賀線が開通して分岐駅となりその重要性が増した。それに呼応して一八九八年（明治31）に駅構内での駅弁の販売を開始したのが、富岡周蔵（一八六二―一九三九）の創業した大船軒。もっとも富岡は大船駅の開設と同時に駅前ですでに旅館を営んでいたようで、東京・保谷出身の富岡と大船との関わりはもう少し遡る。いまでは主として「鯵の押寿し」で知られる大船軒だが、「鯵の押寿し」の販売開始は一九一三年（大正2）のことで、それ以前はむしろサンドイッチ販売で名をなした。パンにはさむハムをつくるために一九〇〇年（明治33）に「鎌倉ハム富岡商会」も設立。サンドイッチを駅弁として売った最初の企業としても知られる。そのサンドイッチは、レトロなデザインの包装箱でいまも販売されている。

さて、当該の建物は一九三一年（昭和6）に大船軒が株式会社化すると同時に建てられた本社事務所兼工場である。大船駅の西口、柏尾川の向かいにある。設計・施工者は不詳のようであるが、典型的なアール・デコの建物で、アール・デコに入れ込んできた筆者は、初めてこれを見た時にはかなり驚かされた。鉄筋コンクリート造三階建ての建物で、主入り口は二階。その玄関まわりの意匠にもびっくり。少しマニアックになるが、柱形の柱頭部分につけられた三層の金属細工にはしびれた。玄関のガラス欄間の鉄細工も典型的なアール・デコ。三階にあがる階段の入り口に設けられたアーチの周囲にも濃密な繰形が見られ、事務所になっている三階の型押しして華麗な模様をつけた金属板天井も健在。それに、三階部分の内部のないスクリーンとしての壁に丸窓（つまりダミーの窓）が二つつけられているのも楽しい。一階は「茶のみ処　大船軒」となっていて、コーヒーも飲め、弁当に入れられる前のマイルドな「鯵の押寿し」も食べられる。

28

三河屋本店

〈鎌倉市景観重要建築物・国登録有形文化財〉

いまも現役、歴史と風格をたたえた伝統的商店建築

所在地：雪ノ下一―九―二三
アクセス：ＪＲ・江ノ電「鎌倉」徒歩一〇分
店舗定休日は火曜日、九時から一九時営業

三河屋は若宮大路の西側、二の鳥居と三の鳥居の中間あたりにある酒店である。東京・浅草出身の竹内福蔵（一八六九または一八七〇―一九二七）が、横浜・野毛にあった三河屋酒店に勤務の後に独立して、一九〇〇年（明治33）からこの地で営んでいたもので、関東大震災で倒壊した建物に代えて一九二七年（昭和2）に建てたのが現在の建物である。建物には、棟木に「上棟　昭和二年六月二日　竹内福蔵」と記した墨書があり、また「新築工事控」という和綴の貴重な帳面が残されており、この建物に関わった大工の名やかかった費用などが判明する。工事控があるということは、これが直営で建てられたということであり、建設に関わる者に福蔵よりあれこれの指示があったものと想像される。三河屋本店は福蔵の精魂をかけた大仕事であった。その工事控によれば、大工は金子卯之助、左官は「峰太郎」、鳶は「由五郎」である。金子卯之助（一八八一または一八八二―一九五〇）は、次項で述べる同じ若宮大路の湯浅物産店（113―115ページ）も手がけており、この二つの若宮大路の歴史的建築の代表が金子の仕事ということになると、今日の若宮大路の景観に彼が大きく貢献したことになる。なお、近世には東慶寺大工の金子家が知られているが、この金子家と卯之助の関係は不明。また、店舗正面に掲げられた扁額の「三河屋」の文字は、臨済宗建長寺派管長であった菅原時保（一八六六―一九五六）の書によるものという。

　この建物は、伝統的な出桁《だしげた》造りによる商店建築で、規模としても意匠としても鎌倉の戦前の商店建築を代表するものである。間口五間、奥行き八間の大規模な木造の総二階建てで、店舗部分の天井は高く、太い根太を見せた重厚な根太天井、正面の長大な指鴨居に加えて、内部の神棚、掲額など付属設備も伝統的な店舗の雰囲気を大いに高めており、さらながら生きた博物館のような様相を呈している。また、背後にある大きな蔵（三間×八・三間）にはトロッコのレールが敷かれており、いまも現役で使われているという。まぎれもなく、建築史のみならず民俗史的にも貴重な存在である。

29

湯浅物産館

〈鎌倉市景観重要建築物〉

様々な意匠で客を迎える
ユニークな商店建築

所在地：雪ノ下一―九―二七
アクセス：JR・江ノ電「鎌倉」徒歩一〇分
営業の詳細はHPなどを参照

湯浅物産館は前項の三河屋本店（110―112ページ）と並んで若宮大路の商店建築を代表するものであり、三河屋本館が出桁造りの伝統的なスタイルであるのに対して、時代の流れに乗ったいわゆる看板建築の代表作である。看板建築というのは、伝統的な構造・意匠の商店のファサードのみを洋風もしくは見栄えのする姿にしたもので、正面に看板を張りつけたような印象を与えるのでそう呼ばれる。あまり大きくない商店に使われることが多いが、この湯浅物産館は大規模で、まぎれもなく看板建築の優品。木造二階建てのファサードの二階は六連のアーチと半円形のファンライト（欄間窓）を備えており、一見、洋風のオフィスビルのようにも見える。実際、施主はこれを建てるに際して、横浜の貿易商社の建物を見学して参考にしたと伝えられている。内部もユニークで、店舗の中央奥に吹き抜けの部分をもつ。また店舗の天井は、大船軒の事務室の天井と同様な型押しした模様をつけた金属板天井である。

この建物には棟札があり、そこには「上棟　昭和十一年七月十日　湯浅新三郎住宅」と書かれており、これが一九三六年（昭和11）に湯浅新三郎（一八七六または一八七七―一九四一）によって建てられたことがわかる。新三郎は四国・琴平の出身で、妻のリキとともに一八九七年（明治30）に貝細工の製造加工・卸売りの湯浅進三郎商店を開いている。たくさんの「実用新案」「意匠登録」「商標登録」を取得しており、「鎌州堂」（鎌倉の店の意か）を名乗って〇の中に「鎌」の字をいれた商標を用いている。震災で壊れた店はしばらく仮店舗的な店でしのいでいたようだが、満を持して建てたのがこの建物。さらにもう一つ、貴重な資料がある。それは座机であり、その甲板裏面に「昭和十一年十一月十五日　祝新築　出入職一同　鳶職 河内　大工 金子　左官 安斎　建具 小島　タイル 萩原　ペンキ 内藤　石工 斎田　植木 吉岡　畳職 長島　経師 石井　電気 栗田　銅工 岩澤」と書かれている。冒頭の「鳶職 河内」が他よりも大きな字で書かれており、彼が工事関係者の中心人物であったことが推察されるが、この「河内」と建長寺大工河内家との関連は不詳。「大工 金子」は前項に述べた金子卯之助であろう。もし同様なメンバーが三河屋にも湯浅物産館にも関わっているとすれば、三河屋の左官の「峰太郎」は安斎峰太郎、鳶の「由五郎」は河内由五郎となるのだが、これも都合のよい推測にすぎない。

30

寸松堂

〈鎌倉市景観重要建築物、国登録有形文化財〉

鎌倉独自のスタイルを誇る
由比ガ浜のランドマーク

所在地：笹目町五—一
アクセス：江ノ電「由比ケ浜」徒歩四分・「和田塚」徒歩五分、京浜急行バス・江ノ電バス「笹目」
店舗は不定休、一〇時から一七時営業

寸松堂は由比ガ浜通り（県道311号）に面して建つ鎌倉彫の工房兼住宅である。この通りの文字通りのランドマークであり、鎌倉でしかありえない建物である。この建物に関しては、神奈川県に提出され、建築届済証の印が押された建築届書があり、竣工年や建設関係者がはっきりする。それによれば、一九三六（昭和11）年九月の起工で、同年一二月の竣工。建築主は佐藤憲で、建築設計者・建築工事請負人・建築工事管理者とも西井喜一である。施主の佐藤憲（一八九七―一九四五）は、鎌倉彫の彫り師で、号を宗岳という。設計・施工の西井喜一（一八八九―一九五六）は、子息の正二（一九一三―一九七六）とともに鎌倉に印象的な三つの建物を設計・施工していることがわかっている。この寸松堂と、次項でとりあげる白日堂（119―121ページ）と、由比ガ浜三丁目にある和菓子店「由比ガ浜こ寿々」（もと毎日新聞鎌倉専売所）である。寸松堂と白日堂は城郭風、由比ガ浜こ寿々は寺院の鐘楼風で、いずれも通常の商店や住宅としては特異である。こうした建物ばかりを建てていたわけではないであろうが、西井父子は異色の大工といってよく、寸松堂はその代表作としてよいであろう。

さて、建物は銅板瓦棒葺き入母屋の木造二階建て（一部三階）であるが、その独特な外観をつくっている主たる要素が三重の塔である。三階部分は四・五畳大の居室であり、梯子でのぼる。この塔は頂部に相輪を戴き、二、三重の軒は二軒《ふたのき》（上下二段で出の異なる垂木からなる軒）の繁垂木《しげだるき》（密に並べた垂木）を用い、三斗《みつど》の出組、花肘木（装飾的な彫刻を施した肘木）、蟇《かえる》股《また》といった細部意匠が見られるなど、寺院建築の塔婆を思わせる。しかし、窓は城郭建築に見られる武者窓であり、寺院建築と城郭建築が町家と合体したような建物である。当然、構造もかなり複雑で、一、二階を通した柱が少なく、軸組が容易に重ならない。プランもまた単純な矩形にはおさまらず、あちこちに凹凸がある。したがって、屋根が複雑にかかり、印象的な外観をつくることになる。こうした建物は、設計・施工が別々ではとても建て得ないであろう。建物の背後には立派な日本庭園も設けられており、この建物がただ特異な外観の工房であるのみならず、住宅建築としてもすぐれたものであることを示している。

31

白日堂

〈鎌倉市景観重要建築物〉

工芸職人の姿を伝える鎌倉建築

所在地：長谷三―一一―一九
アクセス：江ノ電「長谷」徒歩二分
店舗は不定休、一〇時から一八時半営業

白日堂は長谷駅と大仏を結ぶ観光ストリートたる県道32号（藤沢鎌倉線）に面して建つ鎌倉彫の工房兼住宅である。その独特の外観からして、前項の寸松堂（116―118ページ）の兄弟のような建物であるが、現にその施主も兄弟である。すなわち、白日堂の施主、伊志良貞次郎（一九〇七―一九八八）は寸松堂の施主佐藤憲を継いだ佐藤庄助（号は泰岳）の兄である。伊志良貞次郎は不説と号し、鎌倉彫協同組合の四代目理事長を務め、佐藤庄助はその五代目理事長を務めている。

建てられたのは一九四〇年（昭和15）で、寸松堂の竣工の四年後である。設計・施工も寸松堂と同じ西井喜一・正二父子。木造の二階建てで、桟瓦葺き入母屋。様々な点で白日堂と寸松堂は関係が深いが、実際のところ、外観もプラン（間取り）もよく似ており、白日堂は寸松堂を簡略化して少し小さくしたものともいえる。すなわち、外観は寸松堂のような三重の塔もなく、寸松堂ほど奇抜なものではないが、妻面を見せたファサードの妻部分には大きな懸魚がとりつけられ、二階の壁面は武者窓風の装飾的な盲窓の表現が施され、一階には孫庇風に二重に庇が突出しており、やはり、普通の民家にはみられない城郭風と寺院風を加味した重厚な意匠となっている。プランも寸松堂とよく似ているが、規模の縮小に準じて、寸松堂では店舗の左右にあるショーウインドーが白日堂では左側のみとなり（腰壁は鉄平石張り）、寸松堂では店舗部分の土間の左右に設けられている畳敷きの床があるが、白日堂ではやはり左側のみとなっているという風に、よりコンパクトにして合理的にした感がある。かつては住み込みの職人の寝室に使われたという中二階の巧みな空間利用法に、その合理性の一端が見られるが、それはまた戦前における工芸職人の姿を示す素材でもある。なお、白日堂の名は「青天白日」からとられたという。

32

のり真安齊商店

〈鎌倉市景観重要建築物〉

近世商家の面影をのこす
味わいのある木造店舗

所在地：長谷一丁目
アクセス：江ノ電「長谷」徒歩三分、
江ノ電バス・京浜急行バス「長谷観音」
内部非公開

のり真安齊商店は一九二四年（大正13）に、農水産物加工問屋卸売商店（いわゆる乾物屋）を営む安齊真之介（一八九〇—一九六四）によって建てられた。安齊真之介は鎌倉の出身。同じく乾物屋を営んでいた石渡源三郎の子息で、坂ノ下の網元だったという安齊定七の長女タケと結婚して安齊姓となり、安齊商店を始めたのが一九一三年（大正2）のこと。したがって現在の建物は震災で壊れた建物を建て替えたものということになる。乾物の代表たる海苔と名前の一字を組み合わせて「のり真」と呼ばれ、屋号も「のり真安齊商店」である。

由比ガ浜通り（県道311号）に面した奥行きの深い敷地に建つ木造の二階建てで、側面にも道路が通っているので独立性の高い外観を呈している。屋根は一、二階とも寄棟であり、妻側を正面としている。店舗の土間部分のファサードはガラス戸ではなく、揚戸《あげど》である。つまり、昼間は常に開け放たれていて、夜は揚戸が下ろされて潜り戸から出入りすることになる。また、店舗部分の基礎は石造であり、安齊商店は古い形を残した、むしろ近世的な商家の伝統をよく残した建物といえる。敷地の奥には、一九三八年（昭和13）竣工の別棟の住宅も健在。

安齊商店の建物についても、三河屋本店（110—112ページ）と同じような「建築費用帳」と題する和綴じの帳面が残されており、工事にかかった費用と支払った日付はもちろん、工事に関わった人の名や、上棟式の祝物や祝金などが記録されている。そこには「一　大幾、二　鳶善、三　石時、四　石久、五　左小太、六　畳作、七　武力屋、以下　瓦芳」という風に、工事に関係した職人の名が略称（あるいは通称）で記されている。「大幾」は、別の個所に「三橋幾造」（末尾の「造」は「蔵」の誤記であろう。御成小の棟札に記されているのも「蔵」だし、『現在の鎌倉』も「蔵」である）と書かれており、大工の三橋幾蔵で間違いない。後に述べる対僊閣《たいせんかく》（138―140ページ）の設計・施工も彼によるものである。そして「鳶善」は鳶職人の石渡善次郎で、「畳作」は畳職人の三橋作太郎だという。また、安齊家の話では、奥の一九三八年（昭和13）竣工の別棟は、幾蔵の息子の定百の仕事だという。

33

萬屋本店

長谷の町の賑わいを伝える
おおらかな商店建築

所在地：長谷二―一一―四六
アクセス：江ノ電「長谷」徒歩三分、
江ノ電バス・京浜急行バス「長谷観音」
「萬屋本店」営業の詳細はＨＰなどを参照

萬屋本店は、一九二六年（大正15）に酒類販売業を営む石渡惣左ェ門（一八六七―一九五七）によって建てられた。棟札に「大正十五年三月四日」と書かれているから、建設年ははっきりしている。惣左ェ門については、萬屋本店近傍の神社、甘縄神明宮の拝殿前に一九五四年（昭和29）に「石渡惣左ェ門翁　米寿乃碑」が建てられており、その碑には「父半蔵の石渡家五代目長男として鎌倉市長谷に生る……大正五年九月鎌倉町々会議員に同十年八月長谷区長に選はる……長谷区長当時関東大震災に遭遇しこれが復興に寝食を忘れて努力す」と書かれているから、古くから鎌倉に住した長谷の名士だったことがわかる。

この建物の設計・施工は大工三橋元吉によるものだと伝えられている。三橋元吉（？―一九二七）は「モトキチ」として知られた長谷を代表する大工の一人で、二代前の三橋勘五郎は宮大工だったという。勘五郎を継いだ三五郎の長男が元吉であり、三男が三橋工作所を営み、鎌倉町会議員も務めた直吉である（18ページ参照）。萬屋本店は元吉最晩年の仕事ということになる。

萬屋本店は、切妻平入り（建物の長手側に主入口を設けること）の出桁造りの本二階屋であり、骨格の骨太な堂々たるファサードをもつ町家である。店舗部分の天井は高い根太天井で、全体としてゆったりとした空間を構成している。そこには、当初のものと思しき建具や造作や金庫や扁額など、様々な付属設備が一式そろって残されており、さながら生きた博物館的な様相を呈している。少しも奇をてらわず、おおらかでのびのびした店舗部分の空間の質は高く、非常に魅力的である。店舗部分の背後には、坪庭的な庭園をはさんで、同時期に建てられたと思われる平屋の物置と、一九三〇年（昭和5）の創建になる二階建ての倉庫とがあり、それらがあいまって戦前の店舗兼住宅のありかたをよく示すものとなっている。なお、倉庫には、やはり三河屋本店（110―112ページ）と同じようなトロッコ用のレールが通っているが、いまは使われていない。また、店舗部分は、現在、その名も同じ「萬屋本店」というレストラン兼結婚式場として用いられている。

34

星野写真館

漁師町のモダンな写真館

所在地：腰越三―一四―二
アクセス：江ノ電「腰越」徒歩三分
店舗は不定休、九時から一九時営業

星野写真館は、腰越の江ノ電が走る道路、龍口寺のある交差点の近くに建つ。知る人ぞ知る看板建築の傑作である。星野写真館自体の歴史は古く、初代星野長太郎が日光で開業し、二代目長一が鎌倉のこの地で開業したのが大正末期。そしてこの建物は、一九二七年（昭和2）頃に建てられたという。建てたのは横浜の大工だとされている。

木造二階建てで、奥行きの深い和風の構造の建物の表面に、実にモダンなファサードがつけられている。一階はスクラッチタイル張りで、右の隅に円窓。二階はモルタル塗り仕上げであるが、そのコンポジションが秀逸。二つの円窓があり、右隅を縦に区切って塔屋風にし、その頂部を三段の矩形の繰形で飾り、溝部分にはタイル様のものを張っている。そして左隅の下部に張り出した矩形の窓を設け、縦横の線の装飾部材を外につけている。まるで、デ・ステイル*の造形物のよう。実際、二階の二つの円窓には、縦横の鉤型が真ん中で交差して正方形をなすサッシの中に色ガラスが入れられているが、その造形はモンドリアンの抽象絵画に似ている。このファサードは群を抜いてモダンだったと言ってよいであろう。

いまでも現役の写真店で、二階は撮影スタジオ。そこは、和風の木造建築内のスタジオとは見えないモダンなたたずまいを見せている。採光は側面の広大な窓からなされており、幸い隣家がないので、和風の建物には珍しい大きな窓（全面ガラスではなく、個々の矩形のサッシの中に一枚一枚ガラスが入れられている）が見られる。写真を撮るという行為が、人生の節目節目のハレの行事であったことを教えてくれる得難いスポットである。

＊　二〇世紀初頭のオランダで、ドゥースブルフやモンドリアンやリートフェルトたちによって行われた非常に理論的かつ原理主義的な造形運動。その名は、彼らが出していた雑誌「デ・スティル」（英語にすれば「ザ・スタイル」）に基づく。

ホテル・旅館

かいひん荘鎌倉

35

ホテル ニューカマクラ

〈鎌倉市景観重要建築物〉

鎌倉の玄関口にたたずむ
コンパクトなクラシックホテル

所在地：御成町一三―二
アクセス：JR・江ノ電「鎌倉」徒歩一分
宿泊についてはHPなどを参照

ホテル ニューカマクラは鎌倉駅西口にあるホテルであり、駅のプラットホームからもよく見えるので、鎌倉駅の一つの顔となっている。この建物に関する戦前の資料はないが、登記が最初に鎌倉市小町在住の本田鶴之助によって一九二四年（大正13）にされており、この年に建てられたものと思われる。木造二階建ての洋風建物であるが、小屋組は和小屋組、外壁はリシン仕上げ（いわゆるドイツ壁）の大壁である。

戦前の所有者はめまぐるしく変わっているが、戦後の一九四九年（昭和24）から一九八四年（昭和59）までは沢井正太郎および沢井家の所有となり、長らく沢井産婦人科医院として使われており、その名で記憶されておられる方も多いかもしれない。しかし一九八四年（昭和59）にホテル ニューカマクラとなってからも三〇年以上経っており、いまではホテル ニューカマクラのほうが馴染みが深くなっているであろうし、医院よりもホテルのほうがぴったりするかもしれない。

というのは、この建物が戦前からホテルとして使われたという説があるからである。なるほど、この建物は和風の部屋がもともとから無さそうで、すべての部屋が洋風の整然とした部屋割りをもつプランである。具体的には「山形屋」というホテルだったとする説があるが、これもたしかに一九二八年（昭和3）から一九三五年（昭和10）まで東京・麻布区在住の山形ていによって所有されていたから、その間はホテルだった可能性がある。あるいはまた、この場所にはかつて、文人たちがしばしば逗留した料亭・貸別荘の平野屋があったという説もある。平野屋の正確な場所については諸説あり、はっきりしないが、いずれにしても平野屋は何棟かの和風の木造平屋からできていたようであるから、この建物との直接の関わりはない。

ついでながら、一九三五年（昭和10）から一九四三年（昭和18）までの所有者西村康長は、現オーナーの叔父だといい、もしこの間もホテルとして使われていたとすれば、親族によってホテルに戻されたことになる。そして、これが戦前からホテルであったのが本当であれば、鎌倉で唯一の戦前のホテル遺構ということになる（次項のかいひん荘鎌倉は戦前は住宅であったし、対僊閣（138—140ページ）は文字通り旅館である）。なお東側にある新館は二〇〇三年（平成15）の新築になるもの。

36

かいひん荘鎌倉

〈鎌倉市景観重要建築物・国登録有形文化財〉

大正期洋館を引き立てる
絶妙な和洋のバランス

所在地：由比ガ浜四―八―一四
アクセス：江ノ電「由比ケ浜」徒歩一分
宿泊についてはＨＰなどを参照

かいひん荘鎌倉は、一九二四年（大正13）年に建てられた村田一郎邸を母体としている。同じ由比ガ浜にあるが、戦前まであった鎌倉海浜ホテルとは直接の関わりはない。創建年の根拠は、建物の最初の登記が村田一郎名義でこの年に行われていることによる。村田一郎（一八五七―一九三八）は鹿児島出身の実業家で、一八九一年（明治24）から一九〇八年（明治41）まで富士製紙の社長であり、その後も台湾織維株式会社や吉林林業株式会社の取締役等を務めている。『第40版日本紳士録』（交詢社、一九三六年）掲載の村田一郎の住所は「由比ヶ浜」であり、ここに住んでいたことがわかる。村田と鎌倉との関わりはもっと古く、『現在の鎌倉』の別荘一覧には「東京、芝、公園　会社員　村田一郎」の「大町一、一八七」の別荘が記されている。かいひん荘鎌倉は、当初から大規模な和風の建物であったが、一部に洋館部分を備えていて、和洋折衷型の住宅でもあった。

一九五二（昭和27）年からは海浜荘となり、一九七四年（昭和49）と一九八二年（昭和57）に増改築がなされたという。最もよく当初の姿を残しているのが二階建ての洋館部で、この洋館部が「純和風割烹旅館」かいひん荘鎌倉のシンボル的な存在となっているのも興味深い。実際この洋館部は、通りから最もよく見え、印象的な急勾配（屋根が四五度で交わるいわゆる矩勾配）の切妻屋根が目立つ。おまけに切妻の破風の一方側は角度を変えてさらに伸びているので余計に目立ち、また妻面にはレリーフが見られる。この洋館部をさらに際出させているのが、三つもある出窓（ベイウィンドー）である。一つは一階だけのものであるが、残りの二つは二階まで通して立ち上がり、しかも一つは円弧プランの出窓である。この三つの出窓は、外観に華やかな凹凸をつくりだし、ピクチュアレスクな雰囲気を醸し出している。洋館部は、内部もまた当初の姿をよくとどめている。

37

旅館対僊閣

〈鎌倉市景観重要建築物〉

職人の高い技術が華やかさを添える長谷寺参道の老舗旅館

所在地：長谷三―一二―九
アクセス：江ノ電「長谷」徒歩三分
宿泊については旅館に問い合わせ

旅館対僊閣《たいせんかく》は長谷寺の参道に古くから営まれている旅館であり、戦前から今日まで旅館であり続けているおそらく鎌倉で唯一の存在である。この地が鈴木為吉によって登記されたのは一八九二年（明治25）のことであり、それ以前に彼がこの地を所有し、おそらくは居住していたのであろうことがわかる。為吉の死去によって一八九八年（明治31）に娘のカクと婿の直次（左官業）に相続され、明治末期にカクが対僊閣を開業したとされる。しかし、現在の建物は一九二七年（昭和2）の建設になるものである。その根拠は、簡単な平面図と所在地を記した「昭和弐年三月廿九日役場建物届出ス」という書類が存在するからである。ただし、この建物には一部に石造や煉瓦造の基礎も見られ、小屋組には転用材も見られるから、震災前の建物の材料を再利用している可能性はある。建物は、奥行きの長い敷地に、北棟（前面の道路に面した棟）、中棟、南棟と呼ばれる木造二階建ての三棟が建てられ、それぞれが一階でつながれているが、材料の転用は主として中棟、南棟に見られる。カクの一九三二年（昭和7）、直次の一九四〇年（昭和15）のそれぞれ逝去の後も、旅館はカクの姪のワカとその婿六松（同じく左官業）に引き継がれ、さらに六松・ワカの息子に受け継がれて今日に至っている。

　対僊閣の設計・施工はのり真安齊商店（122―124ページ）にも関わった三橋幾蔵だと伝えられている。彼のおこした事業は孫の幾太郎氏の代まで三橋工務店として健在であった。ちなみに、一九五七年（昭和32）建設の長谷公会堂は三橋工務店による施工であり、その設計は三橋直吉の入婿三橋武雄によるものという。

建物の特徴は、やはり通りに面した北棟にある。二階につけられた高欄、その持送り板、二階の小壁の欄間窓、一階の格子窓等がこの建物のファサードを華やかなものにしている。さらに、格子窓の腰壁はコンクリート細工であるが、当初のものらしく、また研ぎ出し仕上げの人造大理石の傘立てや洗い出し仕上げの花台など他にもすぐれた左官技術の産物が見られる。考えてみれば、鈴木直次も六松も左官だったのである。

教会・寺社建築

鎌倉聖ミカエル教会聖堂内部

38

日本基督教団鎌倉教会会堂

〈鎌倉市景観重要建築物〉

ゴシック調スタイルの教会堂

所在地：由比ガ浜二―二―六
アクセス：JR・江ノ電「鎌倉」徒歩六分
非公開

現在の日本基督教団鎌倉教会会堂が一九二六年（大正15）に建てられたことは、正面のファサード下部に張られた定礎板によって明らかである。もちろん、教会自体の歴史はずっと古く、鎌倉に当教会の伝道が始まったのは一八九六年（明治29）。そして専用の会堂が建てられたのが一九〇七年（明治40）のことである。木造だったと思われるこの時の会堂を施工したのは、三橋直吉（18ページ、54ページ参照）だった。その会堂が震災で倒壊した後に建てられたのが現会堂である。なお、竣工時の名前はハリス記念鎌倉メソジスト教会であったが、一九四一年（昭和16）のプロテスタント教会三〇余派の団結による日本基督教団結成に伴って、現名称になっている。

いまの建物は、壁は鉄筋コンクリート造であるが、小屋組は鉄骨造、内部間仕切りや二階の床は木造で、一種の混構造でできている。施工者は不詳だが（次項のハリス記念鎌倉幼稚園と同一の施工者である可能性は十分ある）、設計は吉武長一だとされる。現会堂とほとんど同じ建物の透視図に「C. Yoshitake」というサインがあるからである。吉武長一（一八七九—一九五三）は山口県出身で、滞米七年間でペンシルバニア工科大学に学び、帰国後、海軍省嘱託、村井銀行建築部長を務めた後、一九一三年（大正2）から吉武建築事務所を主宰している。この建物は、彼が建築事務所を開いてからの仕事ということになる。

吉武がアメリカで学んだせいであろうか、建物の外観はアメリカの一九世紀を代表する教会建築家リチャード・アップジョンのゴシック・リヴァイヴァルの教会作品によく似ている。その外観のゴシック調の表現要素としては、正面のトレイサリー（装飾的な窓桟）を伴った大きな尖頭アーチ、反対側正面の三つの尖頭アーチ窓、外壁のバットレス（控え壁）と塔屋、側面窓上部の盲尖頭アーチがあげられ、内部ではテューダーアーチ型の天井、階段の手摺りの三葉型アーチ（トレフォイル）、そして教壇背後の衝立に見られる四葉模様（クワトレフォイル）、および椅子の背もたれに見られる尖頭アーチである。椅子の細部造形にまで話が及んでしまったが、これは、家具調度にいたるまでよく創建時の姿を保った建物である。

日本基督教団鎌倉教会附属
ハリス記念鎌倉幼稚園
〈鎌倉市景観重要建築物〉

子どもたちを見守る八角形の遊戯室

所在地：由比ガ浜二―二―三三
アクセス：ＪＲ・江ノ電「鎌倉」徒歩六分
非公開

前項でとりあげた教会付属の幼稚園である。「ハリス記念」とあるのは、明治・大正の日本や朝鮮で活発な布教活動を行ったアメリカのメソジスト監督教会宣教師メリマン・C・ハリス（一八四六―一九二一）の夫人、フローラ・ベスト・ハリスが、幼稚園設立に協力を約束しつつ、一九〇九年（明治42）に亡くなったことに因む。ただし、創立当初は専用の幼稚園舎をもたなかったようで、立派な幼稚園舎ができたのは一九二一年（大正10）のことという。説立趣意書のパンフレットに掲載された立面図によると、園舎は八角形プランと考えられ、現園舎とよく似た外観であったことがわかる。そのユニークな幼稚園舎が、わずか二年後の大震災であえなく倒壊した後を受けて新築されたのが現園舎であり、あるいは木造の前園舎を鉄骨鉄筋コンクリート造で再現しようとしたものかもしれない。竣工は一九二五年（大正14）で、現・教会堂の竣工よりも一年半ほど早く、鎌倉で最初期の鉄筋コンクリート造の建物と目されるものである。

建物に関しては、工事略仕様書、工事見積書、工事請負契約書などが残されており、施工関係者は明確である。それによると、請負人幸田八二郎、現場掛川口安蔵と前川清次郎、大工棟梁乙川三平、コンクリート職工林佐一、左官頭持田忠五郎、鳶頭形地多吉である。請負人の幸田については東京日本橋区小伝馬上町という彼の住所がわかるのみである。工事略仕様書には、窓、扉などの建具は前園舎のものを修理して用いる旨の記述が見られる。なお、『日本基督教団鎌倉教会70年の歩み』は施工のみならず設計も幸田八二郎としているが、教会の牧師夫妻の関与も大きいかもしれない。

ハリス記念鎌倉幼稚園のなによりもの特徴は、八角形のシンボリックなプランにある。八角形プランの遊戯室の周囲に教室を配したいわゆる「梅鉢型園舎」は、ドイツの教育学者、フリードリヒ・フレーベルの教育思想の影響下に生まれたとされるが、岡山市の旭東小学校付属幼稚園（一九〇八年（明治41）竣工）や帯広市の双葉幼稚園（一九二二年（大正11）竣工）などいくつか知られており、ハリス記念鎌倉幼稚園もその希少な遺構の一つである。また、ハリス記念鎌倉幼稚園の小屋組は鉄骨トラス構造であり、四四尺の径間を縦横に行き交うキングポストトラスで支えている。しかもそのトラスの下弦材は水平ではなく、中央が高くなって一種のドーム状をなしていて、一層求心性を高めているのである。

40

鎌倉聖ミカエル教会聖堂

〈鎌倉市景観重要建築物〉

鎌倉大工の力量を示す
折り上げ格天井と意匠の数々

所在地：小町二―七―二四
アクセス：JR・江ノ電「鎌倉」徒歩五分
非公開

鎌倉聖ミカエル教会聖堂の歴史については、当教会の編集・発行になる『たたえでやあるべき――聖堂聖別50年の歩み』（一九八三年）があり、それによると現聖堂は一九三三年（昭和8）の竣工で、「その建築には、鎌倉にて腕のよさで評判の伊沢大工が、後藤氏監督のもとに工事に取りくむことになった」とある。ここに「後藤氏」とあるのは、当時の信徒代表といった存在であった後藤徳太郎であり、「伊沢大工」とあるのは伊沢新三郎だと思われる。この記述から、鎌倉聖ミカエル教会聖堂の設計は後藤徳太郎を中心とした信徒たちによって行われたものと考えられる。後藤は『日本紳士録』（第三八版、一九三四年）によると、第一相互貯蓄銀行（後に協和銀行を経てりそな銀行）の取締役となっており、実業家でもあった。伊沢は、いまは建て替えられた一九二八年（昭和3）竣工の針谷産婦人科医院を施工しており、当時は活発な建設活動を行っていたと考えられる。なお、『現代の鎌倉』の土木請負業名簿には「扇ヶ谷　伊澤富次郎」があげられているが、富次郎と新三郎の関係については不詳。また、聖堂内部の家具類は、すべて「島田という家具師」がつくったものという。

ところで、『たたえでやあるべき』には、この聖堂の建設にとりかかる前に、後藤と、同じく信徒の橋爪美信とが小田原と浜松へ教会堂の視察に赴き、小田原聖十字教会を参考にしたと記されている。一九二七年（昭和2）竣工の小田原聖十字教会は現存しており、たしかに鎌倉聖ミカエル教会聖堂と小田原聖十字教会は両方とも木造平屋であり、規模・構造・プラン・内部の仕上げ等、すべてにおいてよく似ている。とりわけ、鎌倉聖ミカエル教会聖堂の一大特徴である内部の天井架構は、小田原聖十字教会のそれとほぼ同じである。すなわち、鎌倉聖ミカエル教会聖堂の天井は、折り上げ格天井であるが、一度折り上げられた部分が再び斜めに中央に向かって上がっていき、ヴォールト天井（アーチ構造を使った曲面天井）のような雰囲気を醸し出す。それに、支輪部（曲面の部分）につけられたブラケット（持送り）、欄間の笹りんどうの透し彫り（これはもちろん鎌倉ならではのもので、後藤の提案という。ついでながら、奈良の春日神社の釣り燈篭に似た照明器具も後藤の提案という）、半円アーチ列の刳《く》り抜きをもつ繋ぎ小梁、八角形隅部の支輪のおさまりなど、木造による教会建築の天井構成の妙が見られるのである。なお、聖堂部分以外は二〇〇〇年（平成12）に新改築されている。

41

鎌倉宮

近代鎌倉の宗教建築の先駆

所在地：二階堂一五四
アクセス：京浜急行バス「大塔宮」
拝観について詳細はＨＰなどを参照

鎌倉市内に建てられた近代の宗教施設は、キリスト教会会堂については比較的よく知られているが、寺社についてはほとんど知られていない。『神奈川県の近代和風建築』（神奈川県教育委員会、二〇〇〇年）も宗教建築を省いている。古くからの寺社にも近代の施設がたくさんあるだろうから、それらは鎌倉の近代建築史の一つの盲点となっている。ここに鎌倉宮をとりあげたのは、この建物が他の近代の社寺施設と比べて画期的な意義をもっているということではなく、おそらく近代で最も早い宗教施設だからということにすぎない。とはいえ、この施設は以下に述べるように、様々な意味で興味深い存在である。

鎌倉宮は護良親王を祀る神社で、親王の終焉の地とされる東光寺跡に建てられた。護良親王が大塔宮とも呼ばれたことから大塔宮とも呼ばれる。建てられたのは一八六九（明治2）年で、後に吉野神宮や湊川神社と並んで「建武中興十五社」の一つとされ、その中枢となる。明治新政府は王政復古によって天皇中心の体制をつくろうとしたが、天皇もしくは国家への忠誠心を高めるために、まず招魂社をつくり、ついで後醍醐天皇による建武の新政の功労者を祀る神社をつくろうとした。それが「建武中興十五社」で、鎌倉宮は明治に新たにつくられた「建武中興十五社」の中で最も古い。

鎌倉宮については、『風俗畫報』の「臨時増刊　才百四十七號　鎌倉江の島名所圖會」（東陽堂、一八九七年）に鎌倉宮の項があり、「大塔宮御社御創營出來高御入用」という史料があげられている。そこには、かかった費用が「合金壹萬三千百八拾壹両　永九百三拾三文六分」（明治四年の新貨条例の前のことで、当時は一両＝永一〇〇〇文だったらしい）、「右同斷出来日數

四十八日　巳二月廿三日より山林幷畑地開發取掛四月十日御造營皆出來翌十一日神祇官へ曳渡相濟申候事　御造營御用掛　営繕司知事　岩男助之丞　同判事頭取並　秋山杢兵衛同附屬　准八等官　田村健藏　准九等官　岩田藤藏　同　河合喜兵衛」とあり、これが神祇官（わずか二年強しか存在しなかった明治新政府の筆頭行政機関）の命により、県の仕事として実施されたことがわかる。しかもわずか四八日でできたことになっている。岩男は知事で、その他も文官ではあろうが、ひょっとして技師・技手もいるかもしれない。また、『現在の鎌倉』は「輪奐は敢て壮麗と云ふを得ざるも質素高潔の粛然たる自ら襟を正さしむるのである」と書いている。

拝殿は入母屋銅板葺きで妻入り、本殿も切妻銅板葺きの平入りの神明造り三間社であるが、屋根には反りがある。千木《ちぎ》は外削ぎ、鰹木《かつおぎ》は角形で五本。明治政府は後に流《ながれ》造りを神社のモデルとして奨励していくことになるが、鎌倉宮はそれ以前の流造りではない先駆的な実現例ということになる。一九〇八年（明治41）に修理が行われており（『建築雑誌』一九〇八年三月号）、それ以降も修理は行われているであろうし、玉垣は現在コンクリート製に替えられている。また、宝物殿の建物は一九二四年（大正13）の建設になるものである。なお、ついでながら護良親王の幽閉地とされる本殿背後の「土牢」については、『教科書ヲ中心トセル郷土資料』（磯子尋常高等小学校、一九三一年）が「コレ俗ニ親王ノ禁獄セラレシ所ト傳フレド其ノ説信ズルニ足ラズ。コレコノ窟ハ考古學上ノ『横穴』ニ属シ葬穴ニシテ住居址ニハ非ズ」と書いている。

42

東慶寺本堂

モダンで優美な姿に宿る
かつての尼寺の風情

所在地：山ノ内一三六七
アクセス：ＪＲ「北鎌倉」徒歩四分
拝観について詳細はＨＰなどを参照

東慶寺は一九〇二年（明治35）まで、ずっと尼寺であったが、間もなく釈宗演が住職となって臨済宗円覚寺派の寺院となり、鈴木大拙が「松ヶ丘文庫」を設けるなどして、禅の国際的な発信寺ともなった。尼寺の時期には「縁切寺」としても著名で、東慶寺にまつわる史話には事欠かない。加えて、その墓苑には著名な哲学者・文学者・実業家の墓がたくさんあることでも知られている。

しかし、由緒ある建物の多くは、明治の苦境期と関東大震災を経て失われてしまった。現在、横浜の三渓園にある旧・東慶寺仏殿も一九〇七年（明治40）に原三渓によって移築されたものである。また、一八世紀の創建とされる茶室「寒雲亭」も戦後に京都から移築されたものであり、一七世紀の創建の建物を移築したとされる東慶寺境内で最も規模の大きな書院も震災で壊れて、その後再建したものという。そうした中では、一九一六年（大正5）創建の鐘楼が震災を耐え抜いてきているが、ここで取り上げるのは本堂である。

本堂は、一九三五年（昭和10）に建てられたものとされている。設計者も施工者も不詳。隣の書院のほうがずっと立派で、本堂と呼ぶのがためらわれるほどだが、規模は小さいながら雰囲気がモダンで、簡素でありながらも存在感はある。このモダンさは、あるいはその後の増改築のせいかもしれない。建端が低い、いわゆる住宅風の本堂で、宝形屋根であるせいか開山堂とか祖師堂とか呼ばれる建物に近い。三渓園に移された仏殿ほどではないが、その清楚なたたずまいは重責を果たしているような気がする。かつて尼寺であったことを考えれば、意外とぴったりかもしれない。それに、この寺の境内の建物も、入り口付近の建物もなんとなく柔らかな感じがして、それもこの本堂の雰囲気が周囲に及んでいるような気がするのである。

なお、先にも書いた墓苑の著名人の墓であるが、岩波茂雄の墓（一九四六年建立）と和辻哲郎の墓（一九五五年建立）は堀口捨己（一八九五―一九八四）の設計になるものであり、最近のものでは赤瀬川原平（一九三七―二〇一四）の墓は藤森照信氏の設計によるものである。

戦後建築

円覚寺仏殿内部

43

旧・神奈川県立近代美術館本館

〈神奈川県指定重要文化財〉

坂倉準三の代表作にして
戦後モダニズムの傑作

所在地：雪ノ下二－一－五三
アクセス：JR・江ノ電「鎌倉」徒歩一〇分
閉館中

神奈川県立近代美術館本館は、神奈川のみならず日本の戦後モダニズム建築を先導した作品として名高い。また、日本で最初の公立の近代美術館であり、単なる展示施設ではない研究機能を併せもった美術館の嚆矢たる栄誉も担う。鉄骨造二階建てで、竣工は一九五一（昭和26）年。つまりサンフランシスコ講和条約が結ばれ、占領状態にあった日本の主権が回復した年である。それでもまだ接収地が多く残っており、横浜の中心地に大規模な建物の新築など、とても考えられない状況下で、公共文化施設の建設を果敢に推進したのが、神奈川県の官選最後の知事にして、最初の公選知事となった内山岩太郎（一八九〇—一九七一）で、やがて彼は「会館知事」の異名を得ることになる。その「会館知事」による実質的な第一号の会館がこの建物である（正確にいうと二年前に建てられた県勤労会館が第一号であるが、これは簡素な建物で竣工一二年後に早々と建て替えられている）。

設計は、坂倉準三、前川国男、吉村順三、谷口吉郎、山下寿郎の五人による指名コンペの結果、坂倉準三（一九〇四—一九六八）に決定。坂倉は、東大文学部美学美術史学科を卒業して渡仏、ル・コルビュジエの事務所で働いて建築家となった人だが、ル・コルビュジエに最も親しい日本人建築家でもある。神奈川県立近代美術館は、彼にとっても最初期の記念すべき作品であると同時に、結局代表作ともなったものである。施工は地元神奈川の馬淵建設。坂倉は一九六六年（昭和41）にも、この本館の隣に新館を設計し（施工は前田建設）、二〇〇三年（平成15）に葉山館ができてからは、両方合わせて鎌倉館と呼ばれてきたのだが、二〇一六年（平成28）一月に鎌倉館は閉館となり、新館は同年一〇月に解体されて本館のみが残されている。今後は鶴岡八幡宮の施設に模様替えをしていくことになるという。

さて、この建物、それまでの日本の建築にはない軽さと薄さを備えている。後のモダニズムの建物のように広大なガラスで覆われているわけでもないのに開かれていて軽く（取り壊された新館のほうは広いガラスに覆われていた）、軽い直方体の箱が浮いているように見える。実際、池に置かれた礎石から立ち上がる非常に細い鉄骨柱がこの箱を支えており、構造的な緊張感がある。モダニズムの美学はこうした無駄や余裕を剝ぎ取ったギリギリの均衡に美を見出した。この建物は、戦前・戦後の混乱も日本の習俗もきれいさっぱり捨てている。源平池は意識したであろうが、鶴岡八幡宮の境内であることもおそらく考えていなかったであろう。まさに自由で新しい戦後の出発点を造形ではっきりと示す作品であった。

44

神奈川県立近代美術館鎌倉別館

表情豊かなモダニズム建築の意匠

所在地：雪ノ下二―八―一
アクセス：JR・江ノ電「鎌倉」徒歩一五分、
江ノ電バス「八幡宮裏」徒歩二分
二〇一九年一〇月まで休館。詳細はHPなどを参照

前項でとりあげた旧・神奈川県立近代美術館（158—160ページ）の別館で、鎌倉街道（県道21号）の向かい、少し北鎌倉寄りにある。敷地はもとは県営の駐車場であったという。鉄骨鉄筋コンクリート造二階建て地下一階で、一九八四年（昭和59）の竣工。設計は大高建築設計事務所で、施工は前田建設。大高建築設計事務所を主宰する大高正人（一九二三—二〇一〇）は福島県三春町の出身で、東大を出て前川国男の事務所に一三年間務め、一九六二年（昭和37）に独立して自らの事務所を開いている。都市計画家としても知られる。その経歴からして、彼の造形は前川の強い影響下にある。しかし一方で、早くから建築と社会の関わりを考え続け、闇雲にアートを志向したわけではなく、社会あってのアートと建築と考えていた。その意味で誠実な建築家であったといってよいが、誠実な建築家はセンセーショナルにはなれないから、ときにインパクトに欠けるきらいはある。

大高正人が自らの事務所で設計を始めた時期は、モダニズムの建築が単に軽快でオープン、機能的であることを超えて、荒々しい打放しの壁や、激しくアクロバティックな造形を求めていた時期であった。その波に応じて、大高も打放しのコンクリートや彫塑的な造形を試みている。同時に、各地の農協の建物を多く手がけたからであろうか、陸屋根ではなく伝統的な勾配屋根をしばしば用いている。この傾向はずっと続き、この鎌倉別館と同時期の作品、福島県立美術館や最晩年の三春交流館でも寄棟風の勾配屋根を使っている。それに対して、この鎌倉別館はよりモダニズムの理念に忠実な仕事となっており、前川流もしくはル・コルビュジエ流の傾向が強い。坂倉の本館へ敬意を表したか。といいつつ、本館の軽さ、薄さとは違って、外壁は打込みタイル（タイルを型枠としてコンクリートを打つ。前川がよく使った方法）で重厚。それに、正面入り口のキャンティレバーで突出する二つの翼部や、うねるように連なるトップライトも十分に彫塑的である。

吉屋信子記念館

〈国登録有形文化財〉

モダンな女性作家が晩年を過ごした
吉田五十八設計の住宅

所在地：長谷一－三－六
アクセス：江ノ電「由比ヶ浜」徒歩五分
春と秋に一般公開日あり。詳細は鎌倉市HPなどを参照

吉屋信子記念館は、作家吉屋信子（一八九六―一九七三）の自邸が、作家の没後、その遺志によって鎌倉市に寄贈され、一九七四年（昭和49）から現名称となって一般に公開されているものである。毎年春秋の土日等に一般公開され、また申し込み（有料）で施設が随時使用できるようになっている。建てられたのは一九六二年（昭和37）で、吉屋の六六歳の時であった。亡くなるまでの僅か一一年間の住まいであったが、ここから『徳川の夫人たち』や『女人平家』が生み出されたのである。なお、吉屋と鎌倉との関わりは戦前にまで遡り、一九三九年（昭和14）に大仏近くに別荘を設け、一九四四年（昭和19）から一九五〇年（昭和25）までそこで休養もしくは疎開をしていたとされる。そして、再び鎌倉に住むようになったのがこの建物だったというわけである。

木造の平屋で、設計は長唄と芸者に通じた粋人で近代数寄屋の大家として知られる吉田五十八（一八九四―一九七四）、施工はこれまた良質の和風建築の施工を得意とする水澤工務店である。もっとも、この住居はまったくの新築というのではなく、前の所有者の既存の建物を部分的に利用したとされる。また、吉田と吉屋の関係も深く、吉田は吉屋邸を三度設計している。最初は一九三六年（昭和11）で、東京・牛込に（これは戦災で焼失）、二つ目は一九五〇年（昭和25）に東京・麹町に、そして三度目がこれである。二人の生没年はよく似ており、同世代人だったということにあらためて気づかされる。

さて、この建物、「奈良の尼寺のような家」という吉屋の希望に、吉田はどう答えたか。低い寄棟の屋根の感じからすれば、尼寺といえなくもないが、やはり随所にモダンな数寄屋の成果を見ることができる。たとえば、低い式台のある玄関の天井は、杉板を焼いたようにして木目をあらわにした特殊な仕上げ。応接間の天井もまた変わっていて、紙張りの薄板を目透かしに斜めに張ったもので、目地は銀色。書斎の一方の側面は、一見壁のようだが、実は扉つきの収納スペースがついている。本棚の見えない書斎というのが吉屋の要望であった。

46

聖母訪問会モンタナ修道院聖堂

シンプルなプランに隠された
独創的な意匠

所在地：津五五〇
アクセス：江ノ電「腰越」徒歩一二分、湘南モノレール「西鎌倉」徒歩一二分、江ノ電バス「中川」三分
非公開

聖母訪問会は鎌倉の津に本部があるキリスト教の共同体であり、その本部と同じ地にある修道院がモンタナ修道院で、「モンタナ」とはラテン語で「山里」を意味するという。いまは、同じ敷地内に第二モンタナ修道院もあるようだ。いまの修道院の建物が建てられたのは、一九六五年（昭和40）のことで、ここでとりあげる修道院聖堂も同年の竣工。修道院全体も聖堂も設計は、早稲田大学今井研究室。施工は清水建設である。聖堂は鉄筋コンクリート造平屋で、修道院は鉄筋コンクリート造三階建て。

早稲田大学教授であった今井兼次（一八九五―一九八七）は、ガウディの研究者でもあり、ガウディ風建物設計の実践者でもあった。バルセロナのサグラダ・ファミリア内のミュージアムにも彼の業績が紹介されている。長崎の日本二十六聖人殉教記念館と皇居東御苑の桃花楽堂が彼の作品としては著名だが、自身がカトリック教徒でもあったので他にも教会堂をいくつか設計している。

さて、この聖堂であるが、ガウディ風のおどろおどろしさはなく、あの独特のモザイクタイルも張ってないし、比較的簡素でシンプル。これは、「あまり目立たない平凡な聖堂を」という修道院側の強い要望があり、当初の案を全面的に変えねばならなかったという事情もあずかっているらしい。とはいいながら、独特な造形はあちこちに見られる。大きな窓は十字形を逆さにしたような形で、その下部の窓には遮蔽壁がとりつけられているし、より小さな窓には円形や正方形や長六角形も見られる。また、祭壇への採光のために屋根がめくれ上がっているし、正面の窓も、入り口ドアの窓も正六角形である。それに、実にユニークな形のドアのノブ。そして、祭壇の後壁の二つの円形が交わりあう円形窓の内側には、ちゃんと華麗なモザイク模様が施されているのである。

47

鎌倉市役所本庁舎

公共建築の洗練を示す鎌倉の顔

所在地：御成町一八―一〇
アクセス：JR・江ノ電「鎌倉」徒歩二分
詳細は鎌倉市HPなどを参照

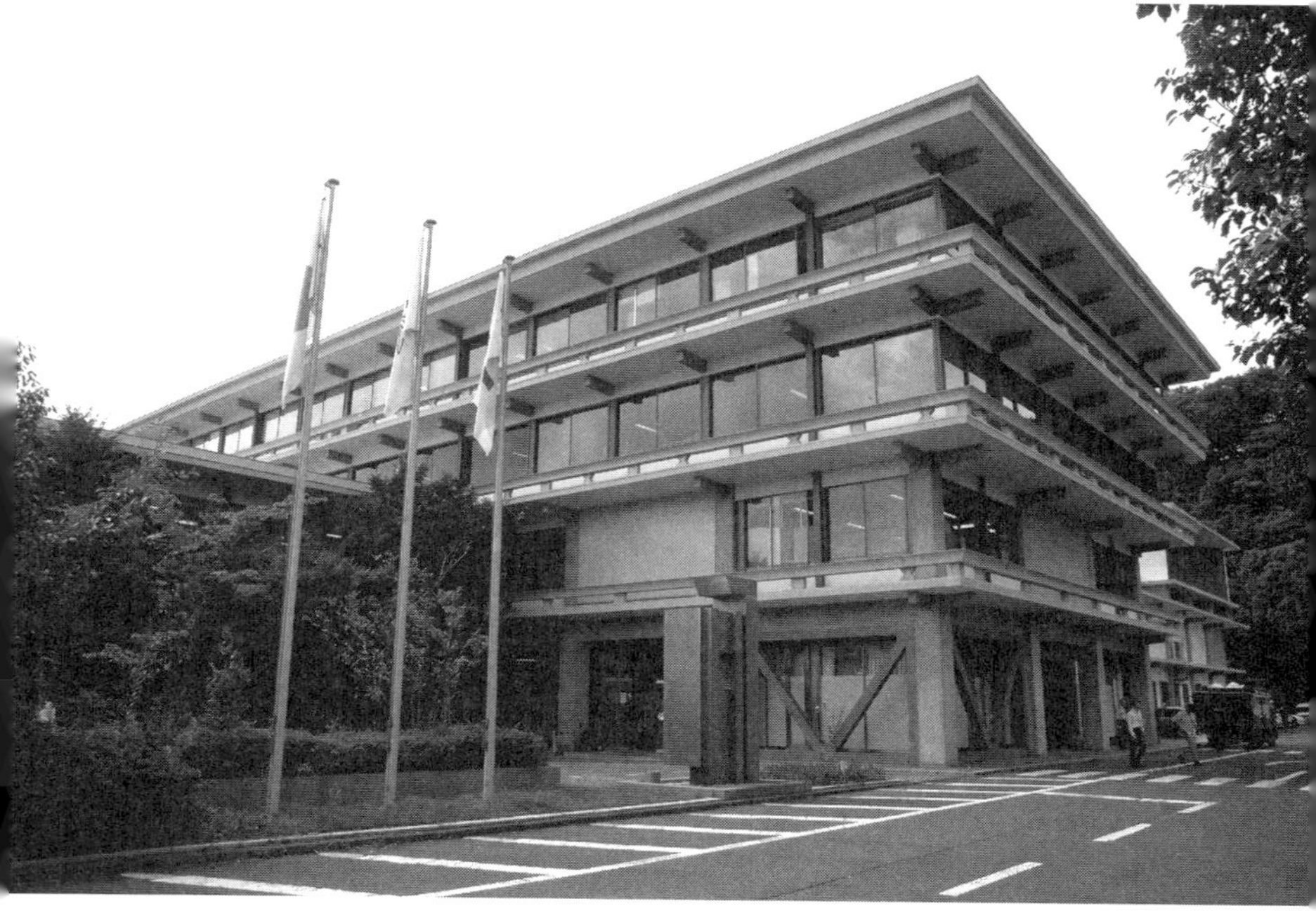

いまの鎌倉市役所本庁舎は、一九六九年（昭和44）の竣工で、久米建築事務所、石本事務所、日建設計工務、山下寿郎事務所、佐藤武夫設計事務所の五社による指名コンペの結果、久米建築事務所の設計により建てられた（近江栄『建築設計競技』（鹿島出版会、一九八六）の巻末年表は指名応募者を五としつつ、四社の名前しかあげていない。最後にあげた佐藤武夫設計事務所は、佐藤が鎌倉市庁舎の図面を残しているので追加したが、あるいは四社によるコンペだったかもしれない）。施工は藤田組（現・フジタ）。鉄筋コンクリート造の四階建て地下一階、それに二階建ての塔屋がつく。

鎌倉町が鎌倉市となったのは一九三九年（昭和14）であるが、市制施行後も若宮大路の現在は鎌倉生涯学習センターが建つところにあった町役場を使っていた。これが一九六二年（昭和37）に焼失。一九六六年（昭和41）に新校舎を建てて、少し西のほうへ引っ越した御成中学校の跡地に建てられたのが現在の本庁舎である。この地には、御成小学校と旧・鎌倉図書館があり、かつては御用邸があり、さらに昔は中世の有力御家人の住居があった。それでいまは今小路西遺跡と呼ばれているが、この地は時代を通じて鎌倉の重要な場所であり続けた。現本庁舎は、そうした枢要の地という所を得て建てられたことになる。

その建物であるが、いまなら敷地の歴史とか伝統とかを多少考慮しそうなものだが、そうしたものはきれいさっぱり捨ててあくまでもモダンに建っている。時代は高度成長期である。柱と梁とスラブだけで支えられており、外壁はほとんどガラスで、壁があまりない。非常にシンプルでオープンでフレキシブルであり、この頃の最もスマートな公共建築の例といってよいであろう。鉄筋コンクリートの柱・梁構造（ラーメン構造）による公共建築としては、一九五八年（昭和33）に建てられた香川県庁舎（丹下健三設計）が、日本の伝統的な柱・梁構造の繊細さをも加味した鉄筋コンクリート造の公共建築の極致と見なされ、大きな影響を与えた。これもその影響下に生まれた建物であろうが、非常に洗練されていつつ、なんとなくもう少しゆったりとした感じはする。それでも、スラブの下端に梁の端部を見せているし、高欄の架木《ほこぎ》（高欄最上部の水平材）は曲面を描いているし、それを支える束《つか》は輪鼓《りゅうこ》の形（鼓の胴のように中のくびれた形）をしているなど、日本的とも思える繊細さと鋭さを示しているのである。二〇〇五年（平成17）に耐震補強されているし、今後も鎌倉の顔であり続けていくものと考えていたのだが、最近、市役所の移転が決まったらしい。この建物の運命やいかに。

48

鎌倉商工会議所会館

大胆な構造をもつモダニズム建築

所在地：御成町一七―二九
アクセス：ＪＲ・江ノ電「鎌倉」徒歩三分
詳細は鎌倉商工会議所ＨＰなどを参照

鎌倉商工会議所の創設は一九四六年（昭和21）であるが、長い間それ相当な会館をもっていなかった会議所が、市役所本庁舎向かいの市有地の貸与を得て、念願の会館を建てたのがこの建物。竣工は一九六九年（昭和44）、つまり市役所本庁舎の竣工と同年で、市役所本庁舎のほうが三カ月ほど先であった。こうして、いずれもモダンな鎌倉市の行政府と商工の府が向かい合って建ち、戦後鎌倉の発展するシンボル的存在となったのである。

三階建て地下一階の建物であるが、構造は地下と一階が鉄筋コンクリート造、二階の床が鉄骨鉄筋コンクリート造、二、三階は鉄骨造。設計は早稲田大学武基雄計画研究室、施工は藤田組（現・フジタ）。鎌倉市民でもあった武基雄（一九一〇―二〇〇五）は、長崎市の出身で、長崎水族館（一九五九年、現在は長崎総合科学大学の施設として使われている）、長崎市公会堂（一九六二年、取り壊しが決まっているが、保存運動が行われている）など、長崎に作品が多い。宮城県の古川市民会館（一九六六年、現・大崎市民会館）も代表作の一つにあげられるが、これは屋根を四隅にある三角形の柱（壁のような柱）で吊るという大胆な構造で、それがダイナミックな外観となって現われている。

この鎌倉商工会議所会館も、ダイナミックな外観をもっている。二階が前面に大きく張り出しており、二階は宙に浮いているように見える。その二階の鉄骨鉄筋コンクリートの床はワッフルスラブという梁を使わない格子のようなスラブの上に載っており、それを支えるのに、ピボット支承という橋梁によく使われる方法が使われている。市役所本庁舎とともに、鎌倉のモダニズム建築成熟期を代表する作品である。

49

円覚寺仏殿

一六世紀の設計図に基づいて建てられた
壮大な寺院建築

所在地：山ノ内四〇九
アクセス：JR「北鎌倉」徒歩一分
拝観について詳細はHPなどを参照

戦後も寺社建築の造営が続けられているのは当然であるが、鎌倉宮（151―153ページ）のところでも記したように、神奈川県内の近代の寺社建築の全体について書いた資料はなく、それに建築関係の雑誌にも、斬新な（あるいはド派手な）ものしか新築の寺社建築はとりあげられないから、実情があまりわからず、戦後の寺社建築としてなにを選ぶか難しいところである。しかし、この円覚寺仏殿をとりあげることにあまり異論はないであろう。

円覚寺は、関東大震災で仏殿も倒壊して無くした。それから四〇年後の一九六四年（昭和39）に復元的に建てられたのがこの仏殿（大光明宝殿ともいう）である。禅宗のお寺の伽藍は山門、仏殿、法堂が一直線に並ぶことが特徴で、もちろん仏殿は最も重要な建物であり、古代の寺院の金堂に相当する。ついでながら、現在の山門は一七八五年（天明5）に再建されたもので、法堂は「法堂跡」と記されているのみで、これは一四世紀の焼失以降はずっと再建されていないらしい。

この仏殿の設計は、田辺泰建築研究室で施工は清水建設。主として琉球の古建築の研究で知られる田辺泰（一八九九―一九八二）は、早稲田大学の建築史研究室を創設した人で、円覚寺仏殿設計時も早稲田大学教授であった。彼は若くして円覚寺の建築史の研究をしており、一五六三年（永禄6）に仏殿が焼失した一〇年後の一五七三年（元亀4）に描かれた仏殿の古図面について発表している（『建築雑誌』一九三五年一二月）。いまの仏殿は、その古図面（「円覚寺仏殿差図」と「円覚寺仏殿地割之図」）に基づいて建てられたものであるが、震災で壊れた仏殿は一六二五年（寛永2）に建てられたもので、古図面にあるものとは違っており、当の古図面が実際に施工に移されたかどうか議論があるようだが（実施されず図面のみにとどまったという説のほうが正しいらしい）、田辺はこれを現に実施されたとし、寛永年間のものはそれを修理したものとしている。なんにしても、一六世紀の図面に基づいて建てられたこの建物は、その頃の仏殿の規模の雄大さと威容を一瞬にして示しており、四百年も後に実施された建築図面の物語としてもなかなかに気宇壮大。ただし、構造は木造ではなく鉄筋コンクリート造。柱はもちろんその礎盤も、垂木も組物も花頭窓の桟もコンクリートである。

50

龍宝寺本堂

消失後、みごとに再建された木造建築

所在地：植木一二八
アクセス：JR・湘南モノレール「大船」徒歩一五分、神奈川中央交通バス「植木谷戸」
拝観については鎌倉市によるサイト「かまくら観光」などを参照

龍宝寺は植木にある曹洞宗の寺院で、開創は一六世紀半ばとされる。その由緒ある寺が、一九五一（昭和26）年に山門（元禄年間の創建とされる）と鐘楼を残して焼失。その後、本堂、庫裏、客殿がほぼ同時期に新築され、さらにその数年後に焼け残った鐘楼も建て替えられる。それらの設計を行ったのが、大岡実建築研究所である。実際、山門の前に建てられた「陽谷山龍寶寺案内」の石碑には「本堂　木造銅葺重層入母屋造（昭和三十五年建立）設計　大岡実」とあり、続けて「鐘楼堂　設計　大岡実」とも刻まれている。

大岡実（一九〇〇―一九八七）は、建築史学者でもあり、寺社を設計する建築家でもあった。東大を卒業後文部省に入り、法隆寺の保存工事事務所長を務めた後に横浜国立大学教授となっている。その傍らで、浅草寺本堂（一九五四年）、興福寺国宝館（一九五七年）、姫路の名古山仏舎利塔（一九六〇年）、川崎大師本堂（一九六四年）等、たくさんの建物の設計活動を行っている。その一端としてこの龍宝寺本堂があるが、以上にあげたものがすべて鉄筋コンクリート造であるのに対して、龍宝寺本堂は伝統的な木造である。もちろん、庫裏も客殿も鐘楼も木造。本堂の施工は、地元の蔵並工務店。なお、大岡建築研究所には大岡のパートナーとして松浦弘二（一九一五―二〇〇四）がいて、彼の貢献も大きい。現に、本堂と鐘楼の意匠の設計は大岡であるが、庫裏と客殿の設計は意匠も松浦とされる。

さて、この建物、大岡の数少ない木造による本格的な寺院建築の作品であるが、先の石碑にある通り、「重層入母屋造」の堂々たる建物で、「重層」とあるのは母屋の周囲に裳階《もこし》がついているということ。しかも裳階の屋根は、平等院鳳凰堂や法界寺阿弥陀堂のように中央を一段高く切り上げて、より見栄えがよい外観となっている。母屋の組物は三斗、裳階は舟肘木である。裳階部分の両端に花頭窓《かとうまど》（上部が波の曲線のようになっている窓）がある。

なお、大岡建築研究所は同じく鎌倉に泉光院本堂（一九六二年）を設計しているが、これは鉄筋コンクリート造であり、意匠設計も松浦とされる。また、龍宝寺の境内に、当初、関谷にあった江戸時代初期の民家である石井家住宅（国指定重要文化財）が一九七〇年（昭和45）に移築されている。

エリア別マップ

鎌倉駅東口エリア／鎌倉駅西口エリア／由比ガ浜エリア／長谷エリア／浄明寺エリア／鎌倉山・腰越エリア／北鎌倉エリア／大船エリア

なお、以下は個人住宅のため掲載していません。11篠田邸、13小池邸、14石島邸、19平井家住宅・長屋門、22笹野邸、23加賀谷邸、24高野邸

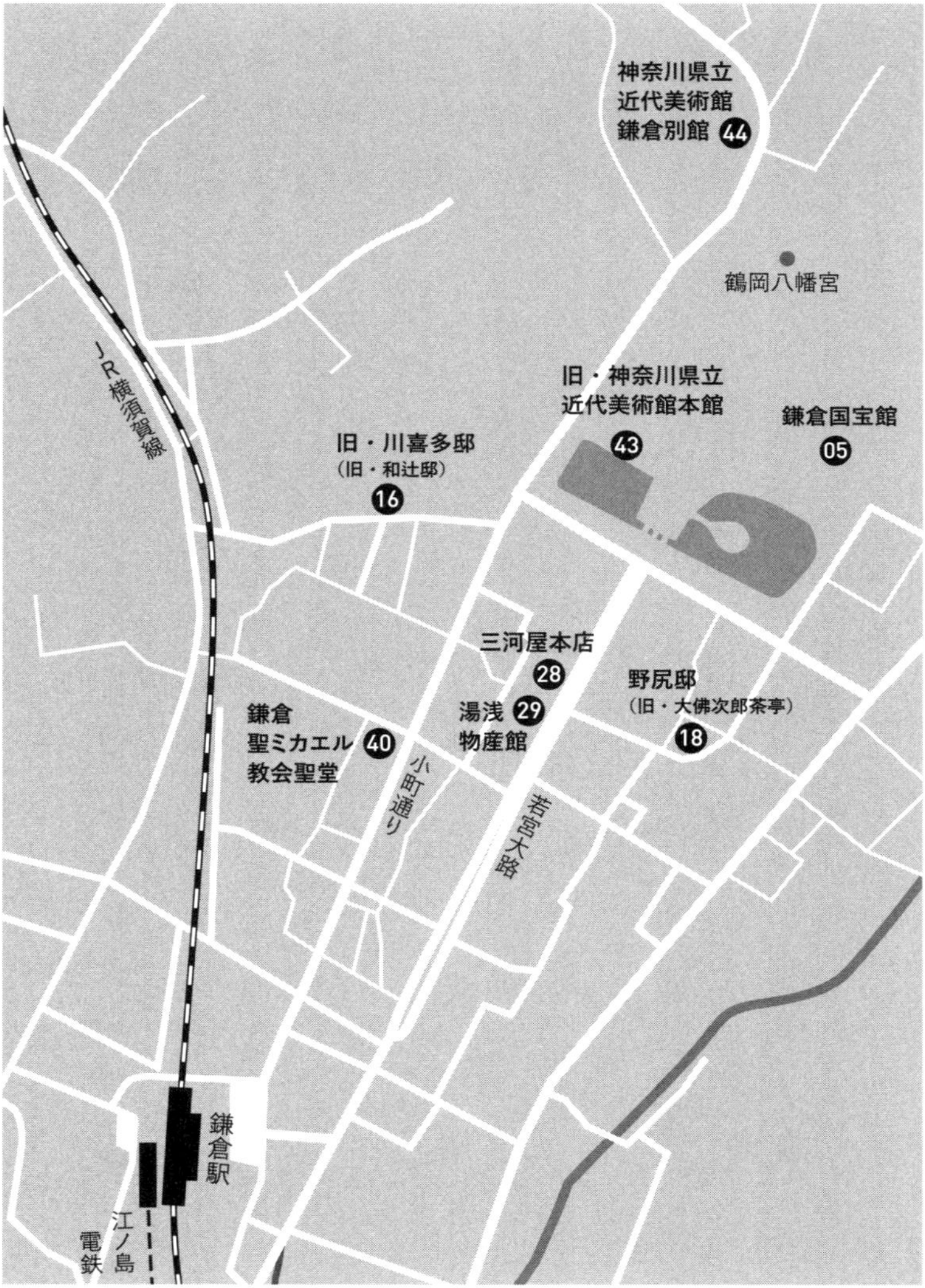
神奈川県立
近代美術館
鎌倉別館 44
鶴岡八幡宮
旧・神奈川県立
近代美術館本館
43
鎌倉国宝館
05
旧・川喜多邸
(旧・和辻邸)
16
JR横須賀線
三河屋本店
28
野尻邸
(旧・大佛次郎茶亭)
18
湯浅
物産館
29
鎌倉
聖ミカエル 40
教会聖堂
小町通り
若宮大路
鎌倉駅
江ノ島
電鉄

鎌倉駅東口エリア

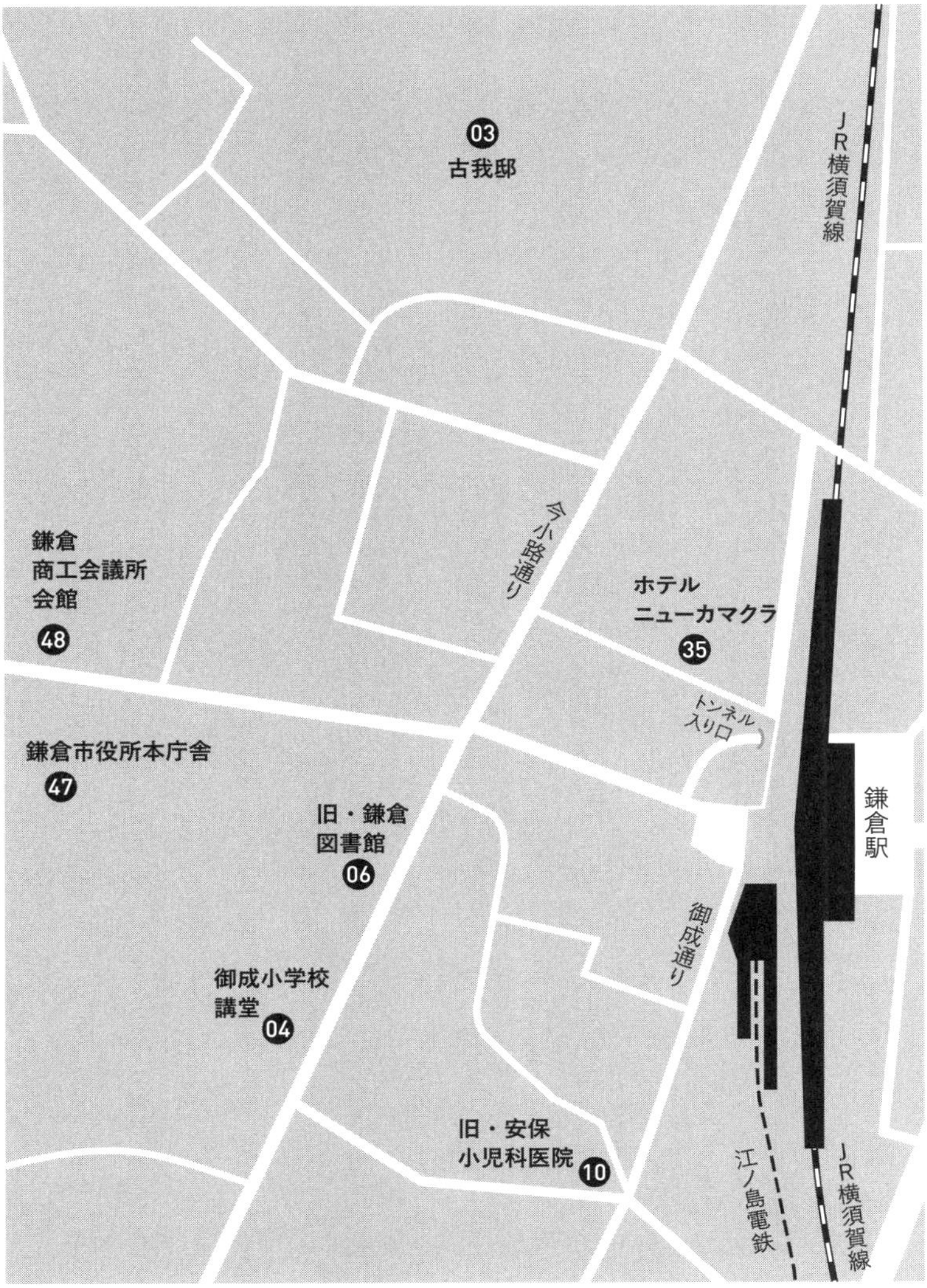

03
古我邸
JR横須賀線
鎌倉
商工会議所
会館
48
今小路通り
ホテル
ニューカマクラ
35
トンネル
入り口
鎌倉市役所本庁舎
47
鎌倉駅
旧・鎌倉
図書館
06
御成通り
御成小学校
講堂
04
旧・安保
小児科医院
10
江ノ島電鉄
JR横須賀線

鎌倉駅西口エリア

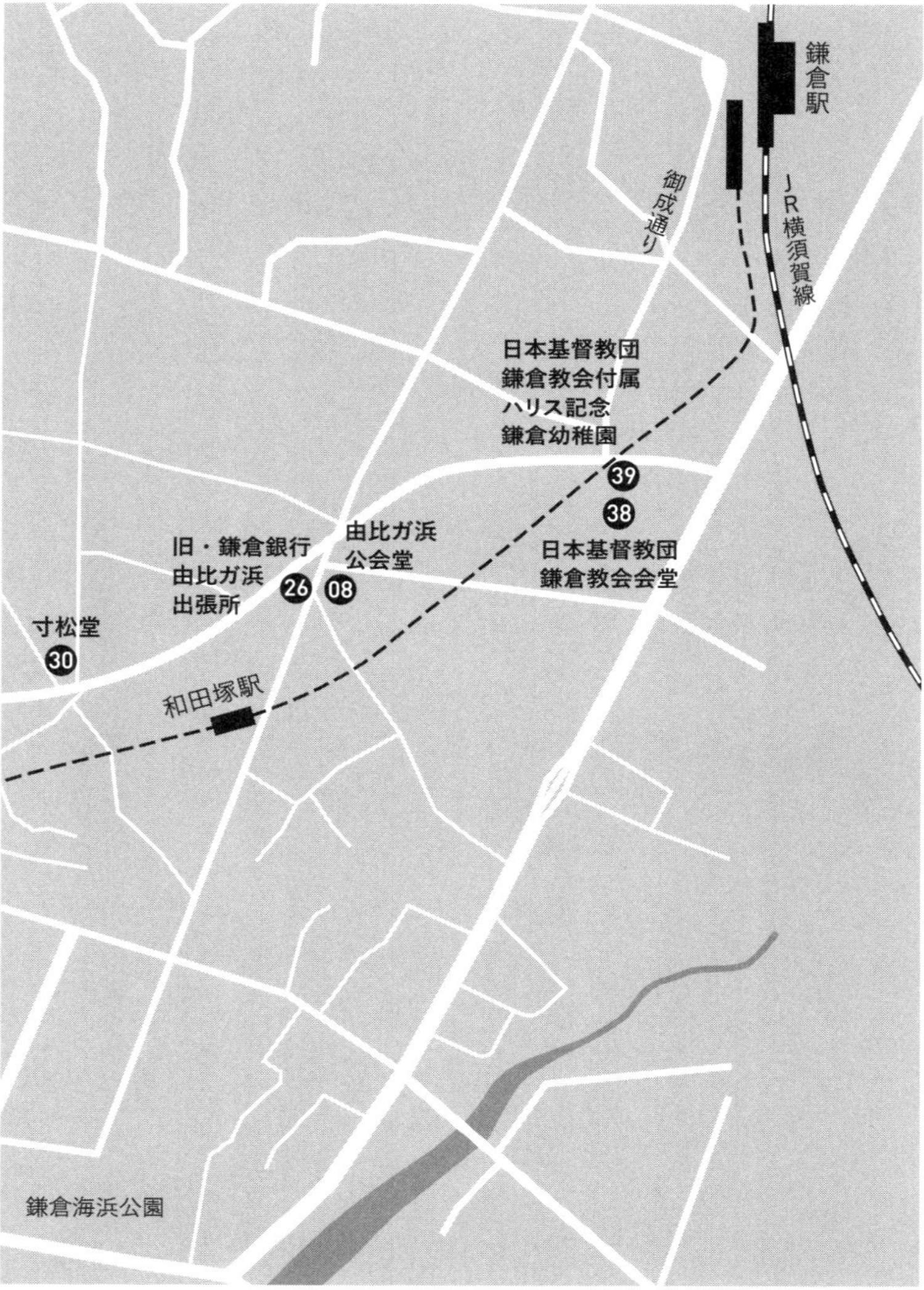
鎌倉駅
JR横須賀線
御成通り
日本基督教団
鎌倉教会付属
ハリス記念
鎌倉幼稚園
39
38
日本基督教団
鎌倉教会会堂
由比ガ浜
公会堂
旧・鎌倉銀行
由比ガ浜
出張所
26
08
寸松堂
30
和田塚駅
鎌倉海浜公園

由比ガ浜エリア

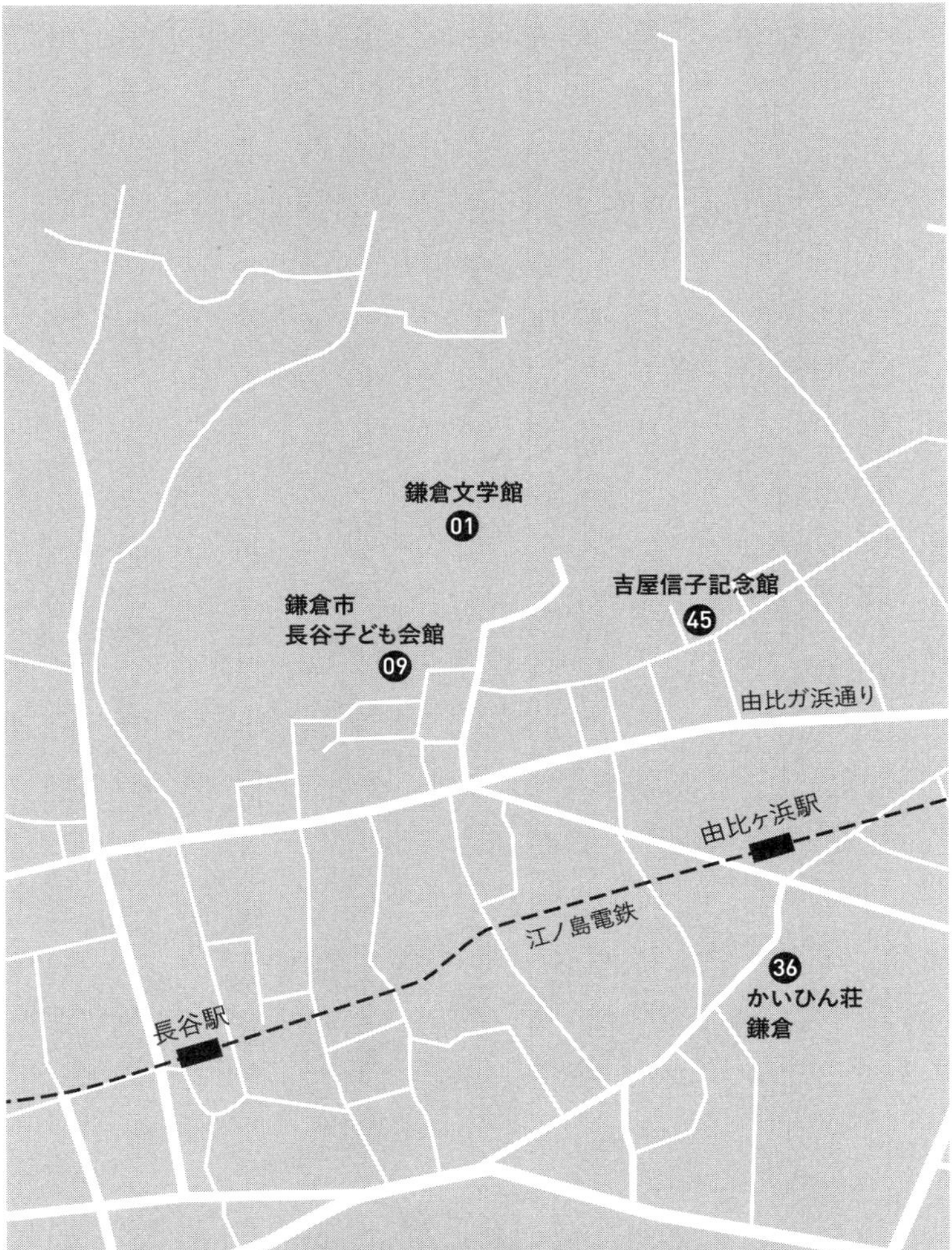
鎌倉文学館
01
吉屋信子記念館
45
鎌倉市
長谷子ども会館
09
由比ガ浜通り
由比ヶ浜駅
江ノ島電鉄
36
かいひん荘
鎌倉
長谷駅

トンネル
07 旧・鎌倉
加圧ポンプ所
鎌倉大仏
のり真
安齊商店
32
由比ガ浜通り
33
萬屋本店
光則寺
37
旅館対僊閣
31
白日堂
長谷寺
長谷駅
江ノ島電鉄

長谷エリア

石川邸
（旧・里見 弴邸）
12
鶴岡八幡宮
鎌倉宮
41
石窯
ガーデンテラス
15
浄妙寺
報国寺
02 旧・
華頂宮邸
鎌倉駅
江ノ島電鉄
JR横須賀線

浄明寺エリア

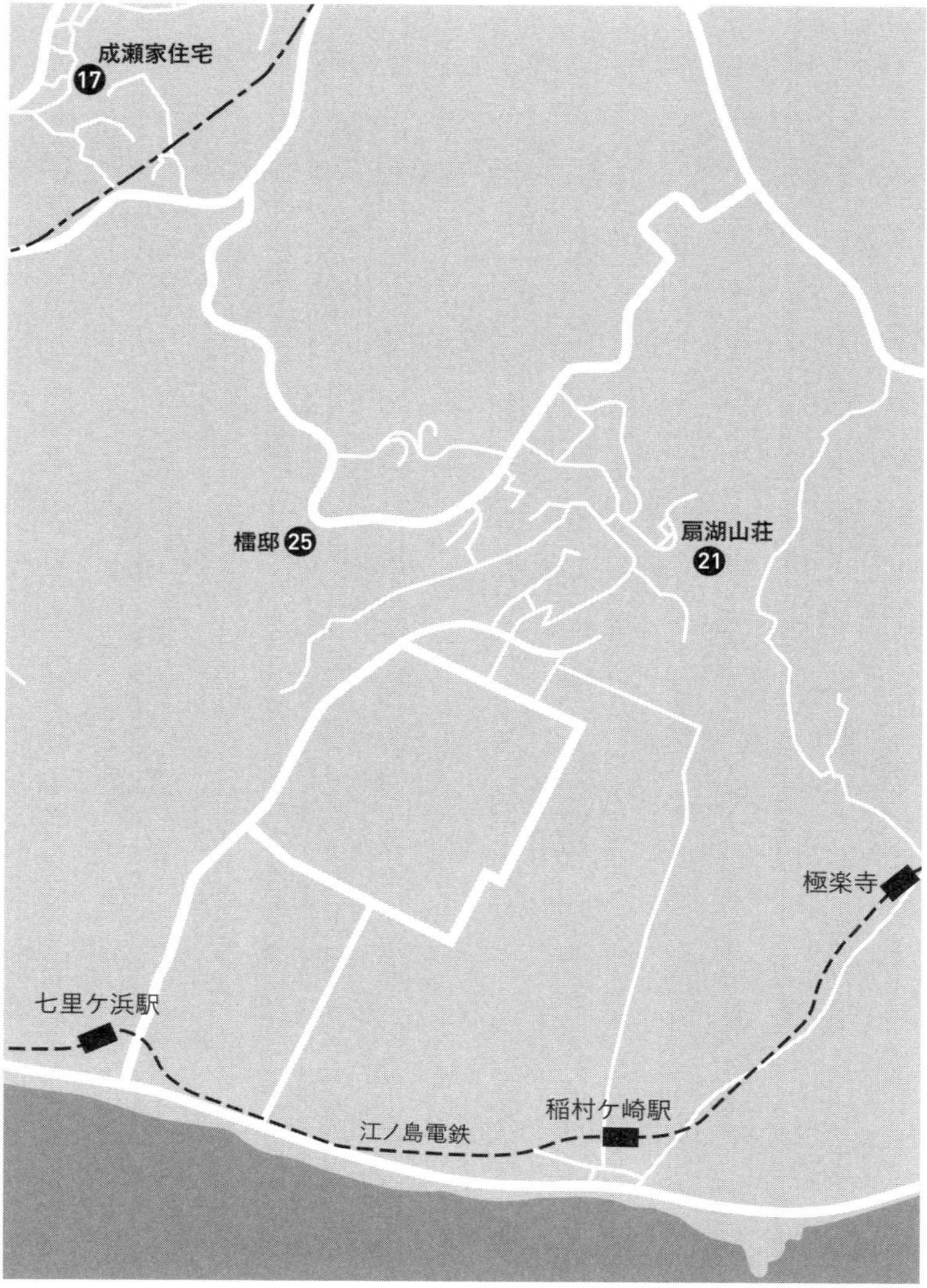

鎌倉山・腰越エリア

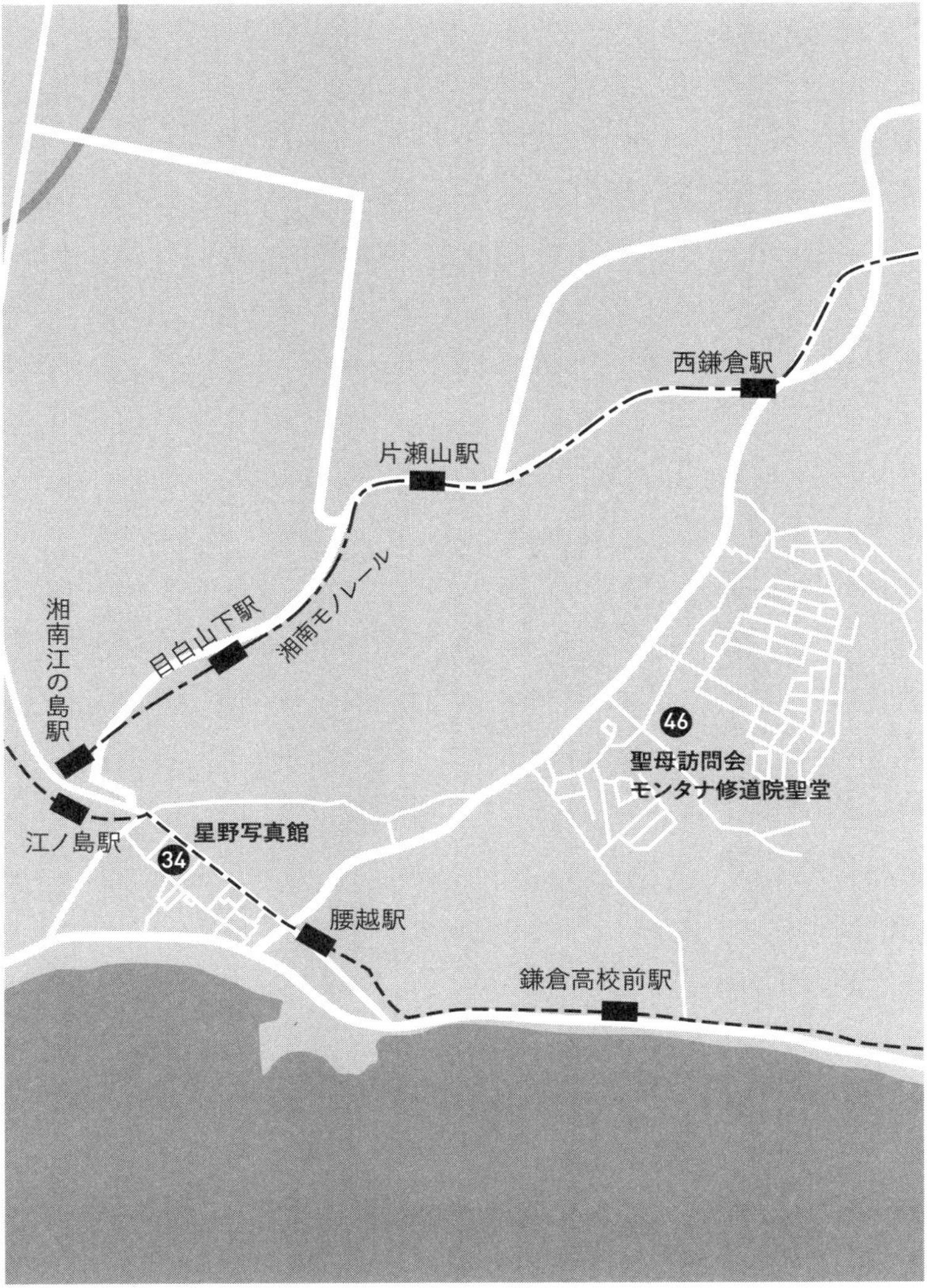
西鎌倉駅
片瀬山駅
湘南モノレール
目白山下駅
湘南江の島駅
46
聖母訪問会
モンタナ修道院聖堂
江ノ島駅
星野写真館
34
腰越駅
鎌倉高校前駅

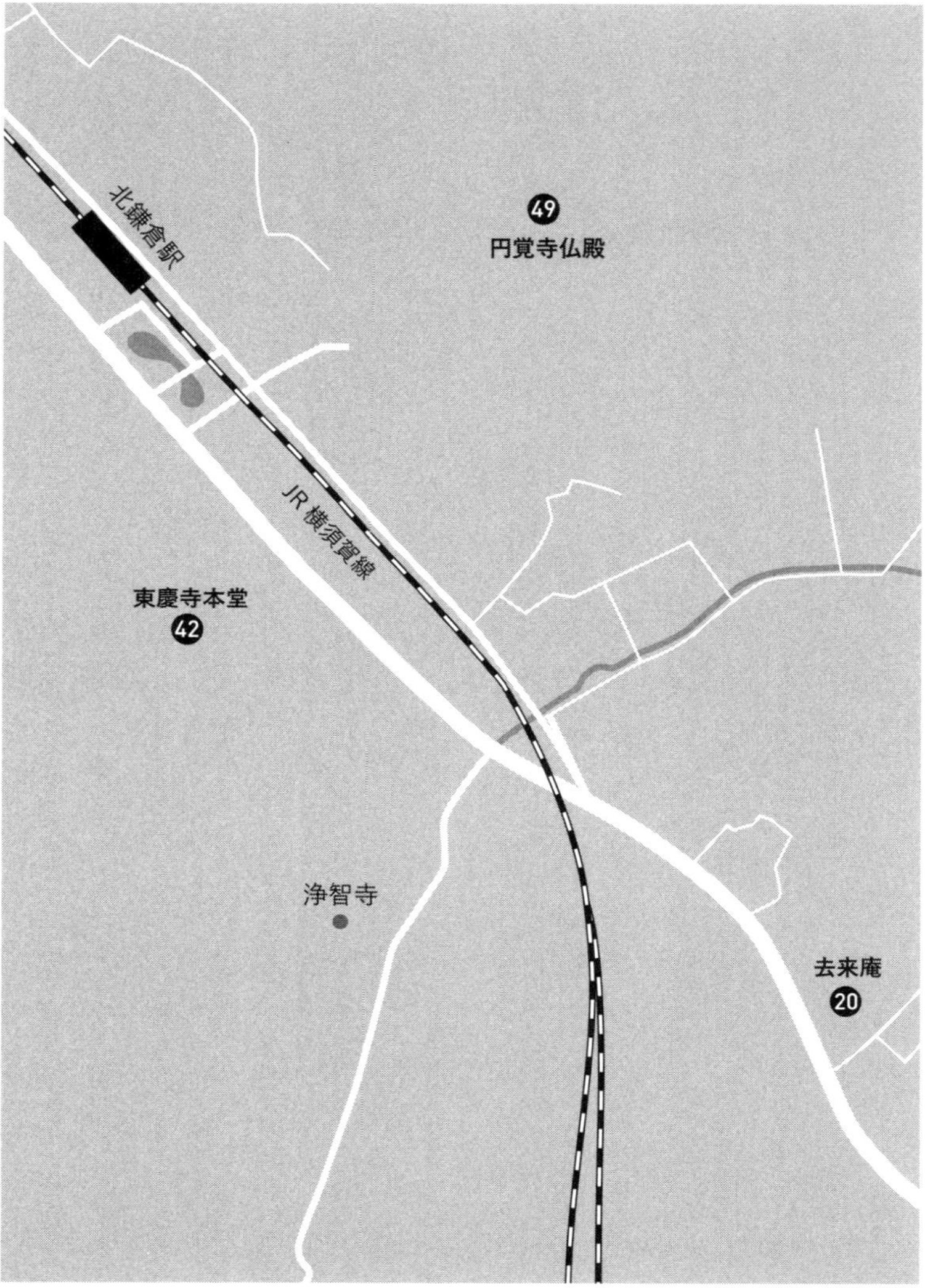

北鎌倉エリア

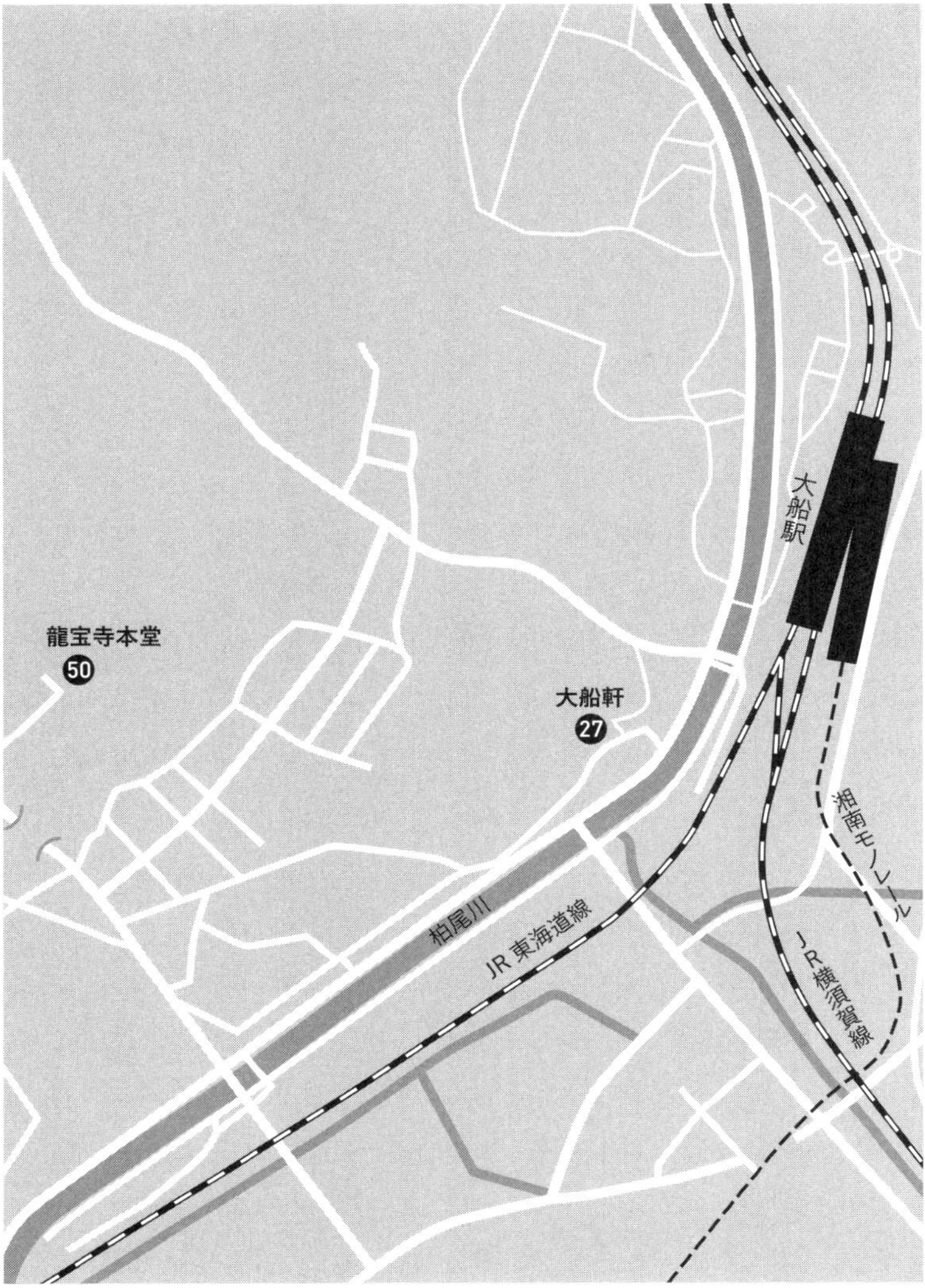

大船エリア

あとがき

個人的な感懐になるが、一九八二年（昭和57）から始まった「神奈川県近代洋風建造物調査」に関わって鎌倉を歩き回りだしてから三五年近くになる。当初は、調査の主目的である「洋風」にしか興味がなかった（それしか見る目がなかった）から、伝統的な生け垣の向こうにある広壮な和風の建物は見ないで通り過ぎた。しかし、次第にそうした和風の建物こそ、鎌倉のよき景観を形成している主要素だと気づき始めた。「神奈川県近代洋風建造物調査」の一応の成果は、『神奈川県文化財調査報告書　第44集　神奈川県の現存近代洋風建造物目録』（神奈川県教育委員会、一九八四年）と『神奈川県近代洋風建築調査報告書』（神奈川県教育庁社会教育部文化財保護課、一九八八年）となったし、だいぶ後のことになるが、和風建築に関しても『神奈川県の近代和風建築―神奈川県近代和風建築調査報告書』（神奈川県教育委員会、二〇〇〇年）となってまとめられた。もちろん、鎌倉はこれらの報告書の中心部分の一つを占める。神奈川県の調査の蓄積があったからであろうか、鎌倉市の景観重要建築物の調査にも参加することができた。この調査の所管は、当初は文化室（後に文化振興課となる）、後には都市景観課であったが、市の担当の方たちとたくさんの建物を調査することができた。なかには、調査後に取り壊されたものもあったが、この調査によって三三件の景観重要建築物（市の条例に基づくもの）が指定され、一件の景観重要建造物（国の景観法に基づくもの）が指定された。その報告書が『鎌倉市景観重要建築物等指定調査報告書』（鎌倉市都市景観課、二〇一三年）である。こうした調査を通じて、多くの著名人が関わっている鎌倉の近代は日本の近代の縮図でもあるという思いを強くしたし、一方で地元の伝統的な技術や文化も近代にしっかり生き残っていることを教えられた。過去と現在、中央と地方の深く精妙な交錯に人は心動かされるのであり、様々な時期の遺産が積層して奥深い魅力をつくりだしている景観に人は魅力を感じるのであろう。歴史ある建物と景観はかけがえのない都市の力なのである。今回、本書を書くためにもう一度市内の該当部分を回ってみたが、ここにとりあげた市所有の建物が、時期や曜日の故か、開館されていないこともあり、それほど積極的に活用されていないような印象も受けた。せっかくの財産であるから、さらに活発な活用が望まれる。

調査を続けて来られたのは、調査でご一緒した市の担当の方々、一緒に調査してくれた大学の研究室の助手・院生・学生のお蔭であり、ここにあらためて感謝する次第である。旧・鎌倉図書館のことを調べる際に阿曾千代子氏のご教示を得ることができ、その阿曾氏のご紹介で「港の人」の上野勇治氏を知ることができた。これを書く機会を与えて下さった上野氏と編集を担当された井上有紀氏に深く感謝する次第である。

二〇一七年一〇月

吉田鋼市

吉田鋼市◎よしだ　こういち
一九四七年、兵庫県姫路市生まれ。工学博士。横浜国立大学名誉教授。『アール・デコの建築』（中公新書）、『日本のアール・デコ建築入門』（王国社）『図説アール・デコ建築』（河出書房新社）、『西洋建築史』（森北出版）ほか、著書多数。
二〇一五年、第六四回神奈川文化賞（学術）受賞。
専門は西洋建築史・近代建築史。一九八二年から八五年まで行われた「神奈川県近代洋風建築調査」に携わり、その後も「鎌倉市洋風建築物の保存のための要綱」に基づく重要建築物の実測調査を継続して行った。その成果は鎌倉市発行の『神奈川市景観重要建築物等指定調査報告書』（二〇一三年）にまとめられ、鎌倉市の景観保護の指針となっている。

写真

カバー・表紙・扉　福井隆也

その他すべて　吉田鋼市

マップ作成　西田優子

鎌倉近代建築《かまくらきんだいけんちく》の歴史散歩《れきしさんぽ》

二〇一七年一一月三〇日初版第一刷発行
著　者　吉田鋼市
装　幀　西田優子
発行者　上野勇治
発　行　港の人
神奈川県鎌倉市由比ガ浜三―一一―四九
〒二四八―〇〇一四
電話〇四六七―六〇―一三七四
FAX〇四六七―六〇―一三七五
印刷製本　シナノ印刷
ISBN978-4-89629-339-5